明清科考墨卷集

第三十八冊

卷一一二
卷一一三
卷一一四
卷一一五

林祖藻 主編

蘭臺出版社

第三十八冊　卷一一二

形則著

王步青

行机前

驗、誠、於、微、顯、之、交、有可進乎形以為言者矣、盍形視著而較微著視形而加顯觀此而誠之驗于身者、不已有進焉者乎、今夫聖人作而衆著于人心。初非有差數可較也。下此則惟內有漸推漸著之功。而外即不能不因所加以為候。使一蹴求之。則爲觀夫微顯之交。不能遽顯者之即不容自已乎。其次致曲、既嘗積夫誠之之功而至于形矣。夫形則誠之發也。而方其形也。不知其形也。有進乎形者而後知此之為形也。然、形乃誠之積也。而方其形也。但見其形也。無進乎形者而亦孰邇此之為形也。無、何、而、所積有加矣。

蓋猶是誠也而誠之不已則不得不益顯其誠無何而所發亦有
加矣蓋猶是形也而形之不已則不得復目之為形吾見其施于
々身者乍而挹之初亦若微若著著焉耳豈嘗真著也哉及其繼也
而莊敬日以強精神日以勝衣冠瞻視之間彬彬乎質有其文也
則著也回視向之所為形而不覺其膏之愈沃矣其溉見諸行者
諦而視之始亦躍然欲著焉耳夫非形也歟哉而其既也和順日
積于中英華漸發于外彝倫日用之地雍雍然婉而成章也則著
也固即前之所為形而自羡其光之較曄矣蓋天下微顯之原本
合著與形非有殊致也可以凝眸而意喻者即可以觸目而神驚

乃著自同于形而不同于其所以形使弟求著于形則于所為著
者終隔抑天下微顯之交自判形而著不啻改觀也一深觀而後
識者一遙望而可知乃著自進于形而即進于其所以形使必離形
求著則其所為著者先安是故未形以前則其致力乎誠者初不
敢為的然之著以自絕于日章之機既形以後則其斷致乎誠者
要自顯吾必著之形而益無以量其日新之驗蓋至是由著而明
而其次之盡其性者至矣

實々發乃詳字句不復題母注中又加題義印證甚切不使筆々超橫直平衍
之理明洞機到活

孝者所以　三句　戴瀚

取理之一者析言之可于家而得國矣夫孝弟慈教成于家有以而在國即爲事君事長使衆之道爲其理下既一乎傳者意以天下者有不齊亦觀乎理而已惟天性之用不可窮則凡相見以性者教可通惟天倫之序不可紊則凡相接以倫者教可達君子有物有恒一一家而天下定焉况教國乎何則合一人之親以爲家即合衆之家以爲國初不得謂之所有爲國之所無而辨家之乎于家而家之分定即類家之等于國而國之族明初不得謂家之所無爲國之所有令夫孝弟慈非性之用而天倫之序者耶

而事君事長悅敬，而相見以其悅，相與以其倫，則家國可得而一也。從天合者其文略，從人合者其文詳，而必以至情為之幹，則詳者猶之略也。吾有甚匿之隱，而不忍以自寬；吾有甚便之私，而不敢以自遂。豈非于家所習見之悅，乃至國而不忍、不敢之外，別無所苟求，則亦何往不習矣。天事近者禮從簡，人事近者禮從繁，而必以大義為之歸，則繁者猶之簡也。吾有必循之職，而不可以或逃；各有必竭之誠，而不容以或怨。豈非於家所深明之決，乃至國而莫逃莫怨之中，更無所留憾，則亦何往不深矣。蓋父視其君而君尊，尊君之至，無以加于父，故家之中無所為九重也，而有懷不

以下即從起講二比紐大兩大比出，正所以審序空紛綷

此最緊要語

家之教存。則不必臨堂陛而言也。兄事其長而長順之。長之至無以加于兄。故家之中。無所爲百執也。而式好無尤之教立。則不必列班聯而言下。子視其衆而衆恤之。衆之至。無以加於子。故家之中。無所爲里閭也。而恩勤是篤之教彰。則不必蒞官常而言上矣。公門路爲至嚴也。任使成至肅也。冀風昇而至艱也。而取之于性而情至則閨幃非狹隘。朝廟非恢弘。而辨之于倫而義安則骨肉非燕私。冠裳非闊絕。世有疑于教國者乎。豈孝弟慈亦必家而後習也。

氣體高妙。道理精確。兼斯二者。故以任。荊山先生

自有此題、從無此文、隻手開山、謂之神勇、吳七雲

至理總在眼前、何以從來憒憒、此等有功經傳之文、不可作時

藝讀也、原評

臣事君以忠

聖人論臣道以忠盡之矣夫忠為不欺臣道宜然也不以是而何

云事君哉子對公曰君今日而言臣道蓋綦難矣哉不以為性天

之相合而以為權勢之相臨何惑乎廊廟之上有拜稽而且明之

中㬎增獻也君使臣以禮已而隆之事君果何如乎報施之說豈

所語于純臣然股肱耳目君之於臣親矣寧臣也而廝獨隸應感

之私豈所期于君上然酒醴筐篚君之於臣厚矣寧臣也而甘旨

薄公問臣事君乎臣謂惟以忠之而已忠根於心之所不忍不忍

者性性生之莫解也古君子以盡性之學出而乃心公室夫誠有不

忍負親不忍負師而因不忍負君者所為懔懔所事之也蓋其臣志昭矣忠原於心之所不敢不敢者天理之當然也古大儒以循理之職起而佐佑厥辟夫誠有不敢負民不敢負國而因不敢負君者所為兢兢而事之也蓋其臣極主矣為大臣為小臣臣不一而所為事者要不一而所為事者殆絕不計君之位我何等而精白一心則自委質以來早以之矣匪謂盡忠廢明要二焉耳為内臣為外臣臣不同而所為事者要不同殆絕不計君之置我何方而夙夜匪懈則自涖官以官來獨以之矣匪曰盡忠是用補過耶是故不才智非不足尚也不以忠焉則才智皆餘一功名非不足

多也。不以忠焉。則功名皆僞。臣所謂臣事君如是而已。舍此別無
臣道也。
夫子論君子之仁。見臣之義。實死可識之本然。然要之圖可。莊
周誠所以為自然。而謂見臣於屬。特出於勢之不得已。莫
如我食見當然食人之事證。文中根據集字。勤謹可見。許臣當
忠陳頭。信而無題主極。又出不敢二股。辨其所從生。大臣小
臣內臣外臣二股。推之至於敗後極。中詳其要。以斷其目。幸法
次第井然。

臣事君以忠 子曰關雎

周沄 文粹

臣道以能忠為極、王化以關雎為始焉、蓋事君忠、則朝廷正、關雎咏、則治內修、臣道也、妻道也、義可以相通矣、嘗觀舜之臣於堯也、蒸乂始聞于側陋、規型已嬪於溈汭、誠以夫婦之肅雝、即可卜臣鄰之奏績也、另有国家者、令妻輔佐于宮中、賢佐贊勳于朝右、而鷄鳴之、又有以劝君之親賢臣、而俾得効忠焉、則內外相資、而之化於始、一如使臣以禮、詎曰如是以待臣、則事我者庶幾無負哉、嘗讀詩、北門之什、室人交謫、而致嘆莫知我艱、杕杜之章、征夫靡遑、詠及女心悲止、人臣遭際、何相懸也、即如我周文考化行南国、徽音

于宮闈乃五十年小心臣節曾不見录于天王明聖豈豊于家
預壽于遇主哉亦正以臣道之不幸而益表臣志之靡他也忠則事
君何以曰以忠良臣擇君之事使不足展吾之抱負則十年不字之
同女子之貞者既委贄明廷國未有不忠者也股肱喜而元首
義之相維如魚水焉忠之所以和鳴于一德也臣子不私家室依有
以利吾之社稷則鞠育顛覆無殊內助之艱誠以置身朝右國未有
不先於忠者也道無成而代有終腹心之相載如家人焉忠之所以
操持于不二也雖然牝鷄司晨而忠良剥喪為梟為鴟而人之云亡
從來女謁盈庭內寵摧政害未深于家國毒先中於忠臣君子讀詩

至黍離諸什未嘗不悼嘆孤臣之不得志而痛恨于哲婦傾城也
直夫子删詩以關雎為首而諷咏不置云家廷之內不形燕昵之私
則君志清明廣有以納賢士大夫之碩畫內廷與外廷所以共成君
德也況關雎而上姜女胥宇克定西岐之保聚而從行水滸無殊捍
牧之臣而二南之兔罝可用不皆關雎德化之所推暨乎杜帝之開
不牽情欲之感則君心整肅廣可以對端人正士而無漸陰掣
褻所以不可偏廢也況關雎而後邑姜治內已與九人之贊畫而
劉耆定實系戡亂之忠而一時之羔羊菁莪不皆關雎流澤之所廣
被乎是故詩之首關雎也亦猶易始乾坤書稱釐降為大倫之王重

焉耳不然天下之大一婦人亂之而有餘數十忠臣挽之而不足可勝慨哉此二南而外国風変而男女亂倫王風変而黄[illegible]〻臣夫子所以三復關雎欲學者識性情之正于年他日立朝致主不無小補〻

此亦本旨要會收君臣夫婦便似一〻成搭合聯絡互映照〻江巧據藻鏤妍遂以美思偉論發紀渟艷 原評士

吾於子思則師之矣吾於顏般則友之矣
王順長息則事我者也　□□□

吾於子思則師之矣吾於顏般則友之矣王順長息則事我者
也
即友而慎其別見其下挾矣蓋王順長息豈得與子思顏般者列哉
惠公別之嚴其不挾之心不可見乎且以君子抱德于身皆為人所
奉事而不敢當者也獨是君公之貴鮮有知尊而重之惟有奔走承
順之人得與之共朝夕耳乃若費惠公則不如是也夫公撫有一國
身居民上其所指使有間無不如意也雖有賢人君子德足以為師
哉不欲與之周旋信如是則事公者類皆如王順長息輩耳安有賢
德之士與之迺帑歡也哉乃何以至今為費之域相傳于思顏般常

北境稿

處斯土問其父老猶見惠公當年折節之風焉孟子思者惠公所師事者也想其好德之心尊之爲典型奉之爲模楷子思於此固儼然抱道德之尊而惠公又怡然得親炙之益孟子思以布衣之賤而抗顏于國君之上有如是矣則惠公師之也抑顏般者又惠公所友事者也想其慕德之意幸觀摩之有助喜切磋之可資顏般於此固夷然共握手之樂而惠公又欣然得締交之人盖顏般以草茅之士而並肩于君公之貴有如此則惠公實友之也公曰我平日之所師者我平日之所友者豈如奉承意旨者事我者所可同哉子思爲吾師顏般爲吾友豈如伺候我閒者王順長息者所可混乎觀惠公之言

其不挾貴之心。誠可見矣。

筆致明晰又復潤澤

吾於子思則師之矣吾於顏般則友之矣 王順長息則事我者也 □□□

吾豈若使是君為堯舜之君哉　丁丑

决所以致君者以商王之可有為也甚矣堯舜之君未易為也若湯之可有為者尹故因三聘而欲使之哉想其幡然意謂吾人出處之際所關亦大匪輕矣夫枕跡巖阿亦以古聖王之不可再見於今日也苟起視天下已有可有為之一人而尚嘆聖王之不復作也抑何所見之拘也今日者處畎畝之中者我也將以畎畝終其身乎使必以畎畝終其身無為預當世事矣樂堯舜之道者我也必堯舜而後樂乎如必堯舜而後樂亦輕量天下君矣乃古有堯舜之君為欽明濬哲為而朝神聖之隆而一中之接實千古道統之

宗也是豈迨今以來之可及乎而今有三聘之君焉制事制心為一時祓濯之本而元后之亶聰實作民父母之任也是豈唐虞以降之多得乎第君自君而堯舜自堯舜也雖然亦顧其為之何如耳君而非有為也者雖堯舜之道縱堯舜之道日在于前而彼弗顧也苟毅然于宵旰之圖而奉一堯舜為之準則精神意氣之所向非苟焉而已也抑君即欲為堯舜而堯舜豈易為君之為哉雖然亦顧夫使之何如耳君而無所使也者縱堯舜之道可行于今而竟弗能也乃慨然于運會之隆而欲以堯舜報于今則轉移振作之事舍我而誰也不然聘之者已非〻義非道之以而應之者

猶然弗顧弗視之心毋亦不近人情之所為乎吾益以為深思焉
又為轉計焉而始決其為吾若甚矣抱道而居不若與道俱彰之
為愈也甚矣心契其微不若躬逢其盛之為樂也吾豈若使是君
為堯舜之君哉

吾豈若於吾身親見之哉

丙子仲夏稿

元聖情深于親見而所樂者乃為不虛焉夫行堯舜之道則親見堯舜之盛矣尹之以身許湯豈偶也哉且士居于一身不外出處兩途處則為獨善之身出則為兼善之身若乃身值于宜出而不宜處自不得不以蕭然高寄之身轉而為殷然共濟之身而豈其設澤之隱衷徒托之空言不獲見之實事也哉如吾之決致民于堯舜者蓋誠念夫效勳重華之聖不得讓美于唐虞也蓋誠念夫時雍風動之休必期復覩于後世也俯仰以思誦堯舜之詩讀堯舜之書方莘中之堯舜也吾身不及見堯舜之世矣行堯舜之道達堯舜之勳業

情致俱
紀弟穩
穩

中之堯舜也吾身猶及見堯舜之盛矣是故出其身以圖吾君則親
見道之行於居也夫草茅絃誦非不以都俞之風致望于人主然而
徒慨想焉已耳誠一日者登朝致主直置此身于皐夔稷益之間堯
舜之君恍在目前也而迴念夫躬耕樂道之時起慨想夫都俞之風
者亦大快生平歟抑出其身而圖吾民則親見道之行於民也夫伏
處畎歌非不以熙皡之休致期于百姓然而僅寄懷焉已耳誠一日
者出身加民直進此身于黃農虞夏之舊堯舜之民如在今茲也而
還憶夫有莘作息之年僅寄懷于熙皡之休者不大慰夙昔之吾志
決矣假吾也以樂道之身終老衡門而落落此生矣不負覩中天之

起句雲
氣盤旋

万言較

暻

治將負是君乎抑負是民乎直負吾身耳又豈若天致之之游至而

一展吾恒之隱願也哉吾計又審矣假吾也以吾民之故置之膜外

而逕逕千載莫克親紹太平之徽將是君不見堯舜之民矣即是民

不見堯舜之君矣惟吾身不見堯舜之盛耳又豈若變隱退之初衷

而大建致澤之殊勳也哉於此見之所為惕然有動也

步伐整齊其程不逸言言刀斗手誦堯舜之詩之小比鳳着

僅勤夏意無比

吾將瞯良人之所之蚤起

齊婦之瞯其夫也不遑寢矣夫良人之所之固不可不瞯也瞯之必于蚤起齊婦其猶有迫乎情乎今夫世故之日異也朝廷以臣而瞯其君[illegible]以妻而瞯其夫斯固事之所不堪言者矣獨是以迫所欲窮之事而又轉爲行欲見之情遂有拖中夜之待曙而不遑假寐矣齊婦之疑其夫非其未嘗有顯者來耶想其妻固甚羨富貴之榮而欲一觀其光儀乎夫使此日而可覩其光儀也則抱廢閨而問夢中之遇訪其妾且甚羨富貴之顯而欲先覩其榮光者夫使此日而可覩其榮光也則寡息寧何於終日之閨[illegible]而孰知其不然也門前款款久矣不聽長者之車而良人之行蹤猶且依然妻曰出吾其何能已乎瞯乎丈夫之行止莫定故使其

往而果為富者之家則高堂廈室車馬盈門而吾倘之廢矣不聞之于家中而得之于目中者將平昔之所告語者亦堪自慰矣男子之交遊甚廣故使其往而為貴者之家則旌旗蔽日冠蓋盈庭而吾倘之廢矣不復見之于吾廬而猶獲見之于他室乎將曩時之稱述亦可無疑矣雖然此其意吾可與你計之而不可為良人知之噫齊婦之情如此吾知斯時也方且終夜徬徨而慮東方之未白中宵輾息且坐耳目之未接者無何而明星有爛矣晨雞有鳴矣遽將傳以而蚤起之夫其起也或者笑談一室之中而思與良人歡琴瑟之樂歟而其妾則未之計也抑其起也或者追閒巷而欲與良人一陳樂飲之歡歟而其妾則弗之念也思平昔之告語亦足見交遊之廣然而事未經于目睹則其言之可信者幾何也

改
皎月疏星之下自無暇為偃息之安歟念曩日之言亦足徵聲氣之廣然而情來固乎躬覩則其事之不虞者務何也未央未艾之際自足迫其顛倒之思歟今日者良人往矣吾其為之施從矣

善寫齊歸神情逼肖

吾聞其以堯舜之道要湯　戊寅

福建督糧涂道臺觀風取興化府第六名

即以要論元聖，亦要其所樂者而已。夫尹寧有要湯之事，必欲謂之要，則惟以堯舜之道耳。其斯為尹之要乎。意謂將使古人之出處而欲例以流俗之論乎哉，則何其敘于往古人也。然而古人正自此見矣。蓋其挾持甚大，所以立身者在此，所以致主者在此，則雖以流俗之論例之，而固有所不必諱矣。有足哉伊尹潔身之聖人也，而人謂其要湯，豈亦有所聞而來耶。其或以成大業者不拘小謹，即稍自貶抑，初何足為當躬之累[illegible]。者不虛枉尺即答為千歎，亦何損于盛德之光。此要湯之說[illegible][illegible]。如斯言，則失乎尹之為尹矣。吾且奈之何。雖然，吾嘗聞之矣，彼夫耕所樂何在則曰堯舜之道一抵夫湯聘甫臨囂囂何故則曰堯舜夫湯聘三至幡然何因則曰是堯舜之道下覺斯民之懈殆惟堯舜自任之重殆惟堯舜之道是體乎蓋堯舜之道尹之全量帶忘也吾道尹之服膺勿失弗離也豈全體帶忘者而要質之初獨逝于棄置豈有事事孝離者而至誠之德不足以動人然則欲求尹之要湯豈有他哉堯舜之道焉已欲求尹要湯之所以豈有他哉以堯舜之道焉已其要也惟尹而後有是要亦惟尹而後可以有是要其要也惟尹而乃得其為要亦惟尹而乃不同乎他人之要世論尹之要湯者奈何異乎吾所聞

吾語子遊　　韓孝基　嗣

大賢有所以遊者、因人之好而語之也、夫孟子之遊、不同於句踐可知也、語之以遊、殆有以轉移之乎、今夫天下士之遊也、曷足道哉、其術甚工、而所遍日下、其說屢變、而所守甚卑、士誠不自重、而當世亦復厭薄之、挾是以往、未見其所如而皆合也、子誠好遊、吾能默默已乎、遊想臣無外交之日、東脩不出境內、不聞其有遊也、吾竊恨此生之晚、弗獲躬遇其時、抑思席不暇煖之聖、轍迹幾遍天下、遊豈自此昉乎、吾未嘗口受其說、而亦默默知其意、夫人心有所樂、或一遊焉、以極其暢遊之情、故夫遊也者、以如吾意焉已耳、若夫逞說人主、一出

言而榮辱由之此為何事而亦以遊名蓋九州皆相君之地四方盡
載贄之區以子周流歷聘其間安往而不如吾意也斯則遊之約略
而可語者凡人心有所觸或一遊焉以寫其淹結之憂故夫遊也者
以適吾事焉已耳若夫挾策干君一舉足而利害隨之豈徒自為而
亦以遊名蓋或數年而與居不崇朝而輒去以子徘徊進退其間安
往而不適吾事也斯則遊之彷彿而可語者吾嘗之齊梁歷滕薛驅
馳列國之郊論其迹不異憑軾結轍之流而其意則寬然有以自處
固有隱隱欲語者庶幾可以質之往昔也豈有同時而遇良朋而不
一抒其所得者乎亦嘗為賓師為客卿羈縻異國之境論其職既無

官守言責之拘而其中猶怏然行其一往固有耿耿欲語者庶幾可以昭示來茲也豈有及身而遇同志而不一寫其中藏者乎吾語子遊

步步照下點點盡發論不枯不謹吾語二字尤神致好生　吳荊山

車同軌　三句　　陸錫熊

徵大同于王制、而一統之模立矣、夫車書文軌者、王者治天下之具也、同軌同文閡倫、不可以大一統之天下乎、且王者宅中圖治、而四海嚮風、其所以控馭天下之規模、抑何宏且遠也、蓋制作等威之別、百王各有其章程、而人心俗尚之同、一代不為其風氣、朝廷之一名一物、皆足範圍氓庶心思、而斯民日用之間、恍載聖天子之聲靈而俱出、爾試以觀今天下、披圖籍而質歲成、象魏懸書、稽是周官三百、則會歸有極、倍惕心于天府、典章陳羽帝而彝玉命、四時和會、并欽姬錄、三千則大訓天球、宜凜志于四方新辟、小王者法行地無疆而制為車也圓蓋象天方輻象地獨至審推衍之利則樸邀徵至其辨尤詳故梓輿皆統命其官而輿人獨專司其職則軌之義大矣今之遂水曲而舞交衢者有不本考工制作乎越裳御指南而適已卜攸往于南轅奇胘控飛轡而來文見率由于西轍而金輅以賜同姓革輅以賜異姓者更無論矣也況天垂柱矢山出罷車后土皇天亦且共獻嘉祥以助聖朝之尺度而誰能破輪轅之飾以別擅精能則其軌同矣自王者易結繩之治而制為書也掌以小史通以象胥而獨至考篆刻之微則准而別風其訛滋甚故諸聲尚虛詳其說而會意必舉其形則文之体

重矣今之抽寶冊而誦瑯函者有不本於府故藏乎識止戈之為
武荒裔群奉其文章見在手之存文天地默遵其文字而師氏之
所教國子八年所以就小學者更無論也況峋嶁碑淳盤銘器蝕
即古王哲后亦若共禀一代以備一代之系稽而誰能齊波磔之
工而別滋訛偽則其文同矣有王者奉受中之恒而制為行也司
徒率其教宗伯掌其文而獵至于秩序之宜則黨正閭師並其教詩
重故親親上原于周道而貴貴下絕于鄉人則倫之典鉅矣今之
齒于鄉而教于學者有不奉昭代彝常乎觀海而知有君戴尊親
于蠻貊徐虎而取其孝感至性于禽魚而大經之所載五典之

斅者。更無論也。況監于有夏。監于有殷。即世遠時移。猶當共凜
遵循。以定百王之矩矱。而誰能外蕩平之治。而更事新奇。創其
倫同矣。若是者。薄海其率由之路。而風同道一。不容有作其聰明
亦制作本祖述之誼。而草偃雲從。無以異而欽其風會。猗歟休哉
其孰能循海隅出日。罔不率俾者歟。

對題出以秀經緯。運以雄奇。讀者於鋒鍔細處想其神也
化機圓妥此不虛　張璽灣
真正宗。鋒稜韻流入化。殆不愧安仁為丁年　趙錫蕃

車同軌書同文　一之　郭維本

即車書而徵王制之盛、其禀于天子者不易也夫、車必有軌書必有、文王制之大較也、自天子出之、而大同著矣、何其盛哉、嘗思一王首出建極綏猷蓋納天下于軌物而謨誥之頒訓詞之設洋洋式煥爲頌武王朝著道揆之美而萬物不必受其規模國家昭文誥之休而萬方可自爲其風氣是愚賤之倫抗敢變王制而抗王章矣要豈所論于天子之制度考文哉則試于今天下而觀其車書爲制度聿新之日聖主精明方寸自操夫權度而制器尚象大小受其裁成而矩矱于焉一致文運初闢之時王心守一神明獨有其會歸而奔金捺玉謳吟昭于畫一而治道遂以光昌蓋猶是車也軌則同焉猶是書也文則同焉矣服牛乘馬義取諸隨蓋軫以象天地輪輻以象日月當日之尚輿者無論已今雖文子文孫乎而我車既攻徂宛洛而會同畢至我馬既同遂進徐而異域咸歸蓋閉門而造文衢而轍其莫不守高曾之規矩即莫不肇天子之赫聲濯靈而來者也而尺寸依然不改矣結繩書契義取諸夬左史以記言右史以記事當日之右文者無論已今雖微賢後王乎而故府之藏君子觀光而識大識小遐方之播小人慕義而是訓是型蓋童而習之終身不厭其莫不守師儒之論說即莫不奉天子之明徵定保成安者也而形聲依然

不易矣春秋之時列辟各立其制作今日之車非復檀車騧驪之舊然其得以車異者天子載物之仁而其不得以軌異者天子御物之義也故小戎以婦女而談兵勾蠻以小邦而作乘彼惟知合轍之故遂違諸侯甸要荒而可通也而豈有擅操斧斤干天朝之成法者哉豐鎬而後廢邦各有其史官今日之書不盡多方大誥之篇然不復異書者天子採風之雅而以一其文者天子觀化之成也故六月可拜賜于秦廷七子亦賦詩于趙孟彼惟知文命之敷遂陳于公卿大夫而不疑也而豈有各為珥筆易聖世之典章者哉萬國覲龍光而垂止共服勉勉我王千秋奉方策以如新群念明明天子公公之衎同

倫。今天下何敢偕耶。

畧資捃拾却自達固清新拔筆間生韻不乏

淹通

見其二子焉　林燧

隱士敬賢無已又藉二子以分其敬焉夫以丈人而見子路敬止一人也又見家之二子以敬之何歟無已哉今夫出而作者有主伯亞旅之歡入而息者有家人父子之樂此固田家之常況也而又何異乎丈人當其未遇子路之時父曰見其子兄曰見其弟一堂聚處幾焉以為固然及其請宿子路之久丈人止見其有子路子路止見其有丈人兩人異趨相對徒適增蕭索且也羞饌誰陳匕箸誰供則家有二子可以出而見矣于是召其來前二子亦奉命惟謹丈人亦固是可少紓其敬矣父也釋之以逸子也服之以勞周旋進退在

路予亦當之而無歉容况可以無虞主情遂至交愛慇勤晉接在予路
且待之而有加拱友之風藹然幾將不知所報矣雖桑麻而伊人入
室必不使二子之門〻止宿之意雖誠猶恐其儀之有闕偕伯仲而
先後致恭必不使二子之蹤〻襏襫服于躬而步趨猶循父執明以
示田間尚質原備意而不修文襲飾懲于室而俯仰頓覺有人隱以
示草野良安且何去而亦何從且思昔之二子優游卒歲袯習畝
畝之休孰知滔〻天下猶有飄零之歎佩則見之可以閱入世之艱
抑念今之二子耦俱無猜不失菽麥之良誰謂雞〻禮讓無慚雅素
之琴書則見之可以廓見聞之大凡此者皆所以敬子路意也論

者不察。以爲丈人祇動子路以家庭之樂也。是又不然。

見其二子焉　蕭惟豫

見其二子焉

蕭惟豫

隱士孤高者，而亦以家人之樂示夫子路之隆趣焉。夫天下者不顧家也，而丈人見其二子，斯有禮殆以是親之也。從事伏處者，何嘗無功名之念，惟知領樂乎骨肉也。故田野之鄉，有恒也，乃遇他鄉之客，而亦念[illegible]雖[illegible]之晉接，則誠可異也。已家人之止子路，從雞黍以供之，[illegible]人相親，志向不相投合，[illegible]之勝[illegible]，以為[illegible]有以勵之矣。彼徒知師弟之周旋，[illegible]為第和之師[illegible]而弟從之，亦步亦趨者，忘風雨之艱，而今也中[illegible]萬里閭之饋弟之間，[illegible]然不[illegible]相顧[illegible]子之[illegible]，而[illegible]楱而子隨之，式[illegible]式[illegible]，[illegible]雖[illegible]而合者，有[illegible]揖讓[illegible]之[illegible]足樂也。於是見其二子焉。兄先而弟後，則秩敘之[illegible]明也；弟恭而兄友，則[illegible][illegible]

[illegible]

兄弟雁行從容而揖讓者二子也子路之勇亦有慍而歎息乎故自夫人之見之而

石自甘原非孤介而重徒若試以賓主相形而責中間之環堵不如周室之寬

自適且有孝敬而可親者即此毛裏相依而覺兩地之攀躋不如一堂之揖讓如二子之以

夫人殆以喜識之學會者而何庭聞也即二子之蹤亦有不可得者矣

就夫人表中先說政以見其二子之抱負後述點東以子路二子冉有公西赤而聞中間伏

細之處結構絕工韻味深長環情同看情有景情生時和而諧錯上下文無不得行

首美則不惑　陳者惑之效者善政宜急矣蓋一人之惑即天下所由係也惟善者去之而

之實容緩乎此在後主嚴政以繼體而設者善之宜王者之心天下之心也而貴者之心天

王公之心如王公以一心而正百官萬民之心善者即以一心而能朝廷之人之心斷陰陽變易

納牖所從陳善曰進于光明臣請為居今善之效

夷逸朱張

逸有莫詳其行者、亦並存其名而已、夫逸也張也、其逸同、其行之不可考亦同、意逸之最深者乎、則亦並存其名可耳、今夫義苟不合于時、大抵其才皆足以表見于世、顧才雖不輕試、而其生平之行事、未嘗不可考而知也、不謂孤踪落落、安其躬于草野、並不欲留其實于寰區、此其人命意、固已深乎、而彼此其姓字、並不容或沒也、已則試繼夷齊虞仲而更考之、情切兄弟之愛、則彼此有各抱之懷、棲踵而行、而採薇以食、聊自安閒散之素、其音亦彪炳于史、書義關君父之重、則心曲有難言之隱、有託而逃、而採藥以去、聊自等局外之觀、其事亦流傳于奕禩、乃若簡策斷、不庋詳、而姓氏未泯、逸類所未審、逸而遺佚、從同則又有兩人焉、曰夷逸曰朱張、吾聞古之名命者、或以人、或以國、或以土地山川、意各有取也、逸之名果何取乎、乃或者謂東方曰夷、逸之名冠以夷、其人之託跡殆偏在東隅乎、然此無據之談耳、意者其心寂處不願與世共功名、以爲與其徒勞而周濟、何如逸樂自安者之于世無爭于世無求也則援逸之名以自託焉未可知也抑又聞之古命名者或以人或以時或以事與物意各有屬也張之名果何屬乎乃或者謂正色爲朱張之名冠以朱其人之標概殆守正不阿乎然此亦意想之論耳意者吾是獨行不欲與世共波靡以爲與其弛急而不振何如胸次開張者之理亂不知黜陟不聞也則藉張之名以相愧焉未可知也品不峻則不奇以彼畝畝自娛超其見于黃農虞夏之上而榮辱有所不恤推斯意也逸其軀並欲舉其名而亦逸之廊廟非榮山林非辱蓋榮辱外之品格真品格也不謀而合逸與張與真可訂無位之友朋操不嚴則不貴以彼遊適自好寄其情于富貴利達之外而顯晦在所弗計推斯意也逸其身並欲舉其心而亦逸之顯者自顯晦者自晦蓋顯晦外之節操真節操也不約而同逸與張不愧阨窮之儔侶此夷逸朱張之所爲僅傳其名而莫詳其行也然逸與張之外則更有柳下惠少連其人

李宗師
吉田一等一名　袁世楷

足兵

兵以衛食、亦為政者之所宜足也、夫兵不足、則食無所衛也、此子與賜論政、而再以足兵告之、謂夫儒者匡居而談經濟、必曰耀德不觀兵矣、夫兵雖不當務、然欲盖藏而保于無虞、正未可謂康阜已歌而不必復以兵戎為計也、然則政寧但足食已哉、身任撫循之責、固宜為民康其婦子、然婦子既康於內、能無寇賊而擾于外、躬作牧養之司、自當為民實其廩庾、然廩庾既實于鄉閭、安必無豪強而攘于邊鄙、由是以觀、欲食之長保者、則足兵為急急也、師貞克敵、誠為民之所畏也、試思強隣侵奪之時、無兵為之禦、而環顧物力、不且莫非我有乎則乘農隙以修足兵之具弓矢張焉戈矛整焉而我之爲民樂侮者自不容已矣指揮號令殊非民之所樂也試思羣小竊發之際無兵爲之防而視趨貲財不且囊括以去乎則當宿飽以講足兵之法步伐嚴焉止齊肅焉而我之爲民防患者必不憚煩已然吾竊慨後之治兵者矛翔于河上清人有棄師之刺此兵雖足而仍如不足也足之者拊循有道使之憂心于王事之靡盬則奏敵愾而賦同仇寧有逍遙懈散之弊抑後之用兵者焉喪于林下擊鼓致無衆之嗟此兵雖足而不如其不足也足之者訓練是勤使之折衝于千里之外則奮先敵而思拔幟寧有失伍離次之憂嗟嗟揆文之後兼以奮

武則儒生之佐理非偏司農之勸課加之司馬之訓習則此日之致
治何難夫而後而民信可期矣

足食足兵民信之矣

論政之全雖撥于常道而已夫兵食足而民信政乃全矣然此常道也故夫子爲子貢告之耳且人主不有民何有國不有國何有政則政也者國之事也何一非民之事乎夫惟養之有本衛之有經而與情更乎之有素此全道也亦常道也雖一日之治即可藏三代而無難乎問政乎盛朝不言富强以爲近于霸術之爲然霸術之富强在國而王道之富强在民則不與同其寔者何必獨諱乎其名世俗樂道刑名欲以此爲戕民之具然絕民者自上而下而識民者自下而上則既與衆共感者自克獨深于其慮殆足食足

兵而民信之乎將以此為制治之方則其道可久而可大也何則
國家致太平不外國勢人情之兩得誠能治其田疇嚴其約束豈
尚有嗟不給而戒不虞者乎然民未知信未可用也果其編派窮
寮可以告戒君主將藉鯱而䗫公堂于谿而續武功猶其外也祗
此輸恍于兵食有備之後則昇平可致為政者審勢而變通之可
也將以此為禦亂之畧則其道能靜而能安也何則事勢勞理經
惟恃財賦人心之不移苟能充其儲蓄慎其戎行豈尚有悲饑饉
而嘆攫攘者乎然信之不諱國可虞也果其婦子性情可以達于
上將積倉而思啓行輿師而咏同澤猶其後焉祗此獻悃于兵

食既足之餘則紛紜可定為政者因時而酌量之可也然則兵食之與民信不可不計其全焉三農雖定三軍雖精而忠勇未著于閭閻何以為王事敵愾之實乎故必兼而致之以為此中之積累不可量所以古王者之為治也既有其不能匱復有其不忍欺其釐然而畢效者豈無故哉抑兵食之與民信不能不有其序焉司農未戒司馬未修而教化欲孚乎百姓何以致下土丕變之休乎故必馴而及之以為斯民之觀感所由係所以古王者之化理也訓之以務農講武之法漸之以禮義廉恥之方其整然而不紊者豈淺鮮哉以是為政施之一國可以治天下行之一時可以及萬世故曰全道也即常道也賜亦于此三者加之意哉

足食足兵民信之矣

吳寧諤　科試一名

政有常經其所以為民者備矣夫兵食者民之命也足焉而教化可興而民信亦因之矣子故為子貢備舉之乎今夫為政者離經濟而言仁義則仁義亦屬迂談舍禮讓而事富強則富強要歸襍伯故古之善為國者有各盡之道焉有相因之理焉要使有所恃以自固而有所要以可久則政之經舉矣何則政以為民也民貧不可以夫民弱不可以守上雖有所深望於民而欲進之三代之隆偕之大道之內而皇然不足之患且不可以終日則食與兵烏可不議足哉今夫天下非小弱也食可以供而兵可以衛也大同之世户有蓋藏至治

提句直貫　辛未

詩題一股跌起　而足字文筆驟宕

之時士需材武不得謂君子不許財而學士不言兵也要在上之人有以足之耳誠使九職是任而下無游惰之民九式是節而上無非分之耗大司徒之所掌務以開其源而節其流則歲之豐歉有不同而國與民無不足矣蒐苗獮狩即寓訓練之方克詰戎兵必盡堅利之用大司馬之所掌務以絕其玩而鼓其氣雖事之變故不可知而戰與守無不足矣君子為政所以厚民生而備民衛如此當斯時也既富之民可以為方穀之資可以為方而有勇之人乃得盡知方之畧其始也三物有訓八刑有糾是王者之教不緩於務農講武之後其繼也祈年也而疾苦有陳出車而憂勞有什伍王者之化即在於

重農脩備之中特恐民生未遂武備未飭而未其咸喻耳逮夫俯仰裕矣武事整矣烹葵剝棗即有躋堂稱壽之心載纘其同因致私豵獻豜之樂而民於是有固志無離心也蓋施之於兵食之先得之於既足之後而政為之觀厥成矣民信之矣不敢以仁義博虛美之名不敢以淺富強狀淺近之實阜民衛國皆為王政所必尙而復納之以軌物故君民一體之誼乃以久道而成於此見兵食與信有各盡之道焉以力田訓武開教化之始以禮義廉恥持富強之終陳綱立紀即為精意之所存而黙爭之以轉移故上下維繫之情因以不勞而獲於此見兵食與信有相因之理焉此為政之常經也

經術深沉渾灝流轉卓然大家之範

將民信將兵食內便脫卸教化一層下文以以云三語竟將教化為去兵食外補足又說了矣字一直送下了神放何淡餘後令作絕群文乃經營妥至神觀而後氣質蒼渾亦足頡頏曩哲以罕勁

本節說得渾成到下節方有子貢於斯三者文字語脈順逆令看主從分際灼見指歸不傷枝析矣渾灝尚越縱筆而以縱容行其蒼渾故自拔俗為群

足食足兵民信之矣

仙邑李中尊署内作　宋兆元

政舉其全王道之經也夫兵食足也民信也兼之而政以全其斯為王道之經乎今夫政孰非以為民乎民可富而不可貧也民可安而不可危也民可知尊知親而不可虐以詐也帝王經世綜其規摸而次第以告成功所由備緩急之用而一上下之志也何則王道弗尚乎富強而規畫詳明實奠生人而立命王民無勞乎要結而感孚有素早為兆姓而立心則足食非其一乎造化生成之府其利溥自君公政固有所以足之者制產一遵周禮而九穀用以勸課一循月令而三農不害以順天時以因地利以殫人力進司會而計之蓄積而

領局宏闊非常中可作第一人

淵源經典自發華聲

留三九之餘措如也足兵非其一乎軍國干城之寄其權統自大君
政又有所以足之者計田而出車井牧之間皆甲乘準賦以出士主
伯之衆盡公徒以習擊刺以嚴坐作以壯威武進司馬而飭之簡教
而協師貞之吉整如也自是而可以言民信矣國家根本之圖其要
專在人心政又有取信于民者教施於兵食未足之先厚生與正德
兼圖奮武與揆文並舉效收於兵食既足之後講性命切於身家敦
詩書可為甲冑以一道德以同風俗以彰化神進司徒而問之效惘
不煩誥誓之文肫如也聿苞桑於國計敷親遜於民情治之長壽乎
不贊四海享昇平之利蒼生有莫解之恍政之允升于大猷王道孰

加於此哉。

此等題。輙張皇一派經濟語。皆皮膚耳。每股中舉要數言。簡括無盡。是真能規矩高曾者。其風格老蒼。在隆萬墨中。允推僅義。會伯

鍾白仙

黄

黄卷胸中

青雲足下生

黄

足食足　宋

無窮學問心須到來樂處
看到功名命帶來來
書不負人人自負敬其誌
詩書禮樂地以親厥德聚於斯

足食足兵民信之矣

周　銓

聖人論王政而舉其全焉夫兵食信有一不備不可為國三者其王政其全乎夫子告子貢曰明王立政大端不過數事而其要則托業於民而已國勢定後可言紀綱人心一後可成教化而古今制治保邦之略不越此矣子問政乎朝廷綜核名實則軍國大經事事者其源流而國無寡弱之患王者敦崇仁義則根本既固人人咸知忠孝而國多君子之風故為政有三而食者三疇之所獨先天子可以不言財貨而國家不可以不備積儲帷上實以愛百姓為念而三農有職九賦有經朝無冗名之耗野無游惰之民則人各有餘力足以

自給郎為金粟變化之本而食可使無匱也若兵者聖王之所重言
可以百年而不用不可以一日而廢弛惟上實以捍衛百姓為心而
克詰素嚴訓練素豫無事而將歸於朝有事而兵出於農則人各有
忠勇可以自恃郎為王事敵愾之實而兵可使無困也若是而天下
之民心可知也已方其始祈年而陳田間之疾苦遣卒而序出車之
勞撫既示以憂樂相保而作其親上敬君之心及其終禾納稼而躋
公堂以上壽俘馘執而獻頖宮以飲至又明以上下一體而導之孝
弟學校之義起視其民但見宴樂以相歡也出入之同患也秉之於
上而共見其無私守之於下而同昭其大順蓋不離於兵食亦不僅

在於兵食而政於是觀厥成矣民信之矣在國家之法制有先後始結於不可動歸於不可欺故條教詳而禁防密以之興治而有餘存息心之出政有本末驗者在力田訓武之用精者係仁義廉恥之微故德澤深而風俗厚以之禦亂而無不足王政之大無易此者若勢有常變又可次第而權之矣

原是三件參截也分闡則之矣二字無處安放若與文此處運心之法　楊繼升

有溫潤之色有堅蒼之致要徑約雅大見匠心　暮廬先生

我則異於是　二句　　吳文銘

聖人異時中之用，比之逸民而自異焉。蓋有可有不可者，逸民也；無可而仍中見其妙，夫
子之所為猶異乎？夫子曰：人生可隨之而自得，而與世宜變動而不居，我當靜稽閱歷，因
乎世不任乎心，是以為齊前人，慕其風而識其逸也。以前論列逸民，如是可不可其大較
矣。夫孤介與寬和殊致，山林與廊廟殊趣，任情一往者，在逸民衆不得同，就吾未至而衆
物先定，境已遷而意見仍留，百折不回者，在逸民總無大異。且異不異，存乎隨時。一世歷
之商周而調合，異則不得謂之為逸，廣極推嘗而去判，不異則無以成其為聖。我竊以為
但只有行藏之道，難必者順逆之遭，兩涉者出處之途，一致而化裁之用。我誠異逸
民者歟，以知從我誠與逸民合，比而互較，四國之栖皇，不已亦豈無所謂可乎，而云異焉？

行〻修〻雖以赴功名而然驅身者忽到逍遙之三月之旗相無殊我豈無所謂不可〻

與手所據恍以嘆抑鬱而以而徒且落時而與思之甚去就不必較期有經有權篤

隨境之一顯晦無需適於從宜從儀事以時適之我寧使逸民之為風因爾之動静

無〻常而舉世群論而絶響不顧使匡山之姓字因逸民之芳蹤可想而後人詳許以同

心跡則亦〻至香無清況亦如堅確誠逞湍亦濃淤移有可有不可逸民識人傑矣哉

我以逸〻者異之雖其味甚泥句拙也

敲金戛玉不同凡响

以併合聖人自述語氣並不掃〻壞逸民面筆〻飛舞亦秋鏡清輝隱力迫

正始

焉出不意公自神怡氣足

我則異於是無可無不可

林堯英

聖人不自居於逸而以其所異者示意焉夫所為逸民者先有逸之見存也無可無不可聖心豈易量哉夫子論斷至此而微示其意也曰吾人苟志大道則入乎古人之中而歷考其同亦出乎古人之外而不妨於異何也虛衷觀化一心有運斯世之微達變因時斯世不窮一心之用返而自問誠不敢舍勵懷來以自附於潔清之列也已論夷齊諸人詳矣彼皆有可不可之心以成其逸者也而我果何如哉其處天地之大必欲自居於高蹈此念亦覺難安進而思之有非任獨之為我而任運之為我也美名可羨未敢以效前人矣同在古今之倫必欲自外於平流此情亦覺甚恝靜而度之政非有所

他有主意

精念確
心世數著
皆一適

之為我而無所滯之為我也絜行可懷乎何恐於違風顏矣我之為我良有異焉者曠觀人己之間而知成見之難任也有重持一己之心入世與出世皆誤有輕視斯人之意圖事與棄事俱傷而以我宜我蓋兩忘之矣行止各因其自然造化至此無功也非有所可以為取非有所不可以為去吾道當推移之會則亦不能不為之推移耳詳察情理之際而知拘守之為偏也任理以勝情雖刻以自待而不得謂之中任情以勝理雖寬于待物而不得謂之恕而以我揆我殆靜過之矣從違自因其順違聖賢至此無權也非有所可而就之非有所不可而舍之學術當變化之時則亦不自知其何以變化耳此豈矯之以求異斷矯之以求異則起念已先過正吾則奚以對古人

我則異於是無可無不可　林堯英

佩玉之於譜而明求之

天道為公蓋自立志之日而已然矣有時行吾之所順而初無可之心有時行吾之所拂而仍無不可之見因應待時雖起先民而與之共適當悠然諒我志之無私又豈托之以表異歟托之以表異則舉動未免近名吾則何以質吾心進退不失蓋自編易之日而已然矣有時合逸民之所可而非必於相符有時合逸民之所不可而非求於相背樂行憂違雖后古人而獨為其難當毅然而信三代之可復此吾心雖在若逸之際而心不忍有偶逸之時有如此

無可無不可五字是聖人自寫太虛本体當渾合以會其意不可分析以求其義若云逸民有可而我無可逸民有不可而我無不可則反類于矯抗游移而者之所為矣文能從勘入微又步一跟着而[illegible]映

私覿　英雅集　許穀

覿以私禮、又見於私矣。夫君命未畢、則私不敢先、君命既畢、則私不容緩、夫子而私覿也、君子又將于是乎觀禮、聞之公爾忘私、人臣之義也。一旦奉寡君之命而脩好鄰邦、惟君命之胥越、是惧其敢以境外之私交干大典、以取戾乎。雖然聘問之禮既相聘也、亦相覿也。當其奉圭以聘也、是寡君之所以申信也。蓋不啻君與君之相覿也。予小臣共襄厥事而已、及其納幣以享也、亦寡君之所以致情也。又不啻君與君之以禮相覿也、而小臣趨蹌傳命而已。至于享禮之後而公事畢矣。粵稽聘禮、有告事畢、有私面私獻之儀、所以久歡洽也。

則夫私覿禮也寧吾夫子而或違此幸上國之惠好在小臣亦與有
恩施今縱不敢執羔雁厚庭實以失使臣之禮而惟茲束錦用表微
忱亦猶行古之道也況乎今日者授館聚橐辱君之貺多矣敢不一
望見顏色以拜君恩于殿陛也夫是以有私覿也賴寡君之使命下
臣亦得觀光于上國今縱不敢先私後公以賤娛貴重辱寡君之命
而聘禮告終敬陳不腆夫亦邀君之惠也況乎今日者奉此簡書得
以微物相將耳倘寡君來會時事何自而邀君之顧盼也夫是以有
私覿也覿君于本國分則為臣覿君于鄰国分則為賓臣則惕于勢
而賓則通以情夫至不論勢而論情則內之色勃如而足躩如者特

廹于勢之所及然而豈所論于用情之地也奉公而覲君職在則然為私而覿君誼在則然職則有尊君之意而誼則有交好之情夫至不論職而論誼則向之如戰色而如有循者特嚴于職之所當然而豈所論于盡誼之時也覿于夫子之愉愉如較之享禮特而更和矣

層次秩然虛實相生使人讀之但覺其文情之斐亹幾忘其題極之偏窄尤奇觀也

近之則不孫

陸壽名

賤流難近、誠惡其不孫也、夫女子小人、誰敢不孫、唯近之故、恃寵而
驕、能無懼乎、今夫君父至尊、有時而卑、姬僕至賤、有時而貴、隆寵納
悔之戒、古紀之、夫履滿思謙、處福思下、此在賢后妃賢士大夫乃
能之、奈何望之宵小乎、彼宵小之驕恣而自大也、吾無責焉、爾或者
小人實甚、或於上人愛憐之實甚、何、則不孫、雖逆德、必有恃而敢行、
以彼居于永巷之中、長為婦寺之列、則微者爾、士微則小尹役之、女
微則姬姜嘗之、望君王胡然而天焉、何恃而不孫、名不侔世婦之條、
位不著綴衣之首、則下焉爾、士大則見大吏如君、女下則謁貴妃如
后、望君王胡然而帝焉、何恃而不孫、曰彼有恃焉故也、近之則不孫

也一女子之最畏者后妃以而君則曰后妃令人畏女子令人悽則疎
后妃而近女子者情也然女流得勢則小星三五加于繁藻之夫人
試女子小人新進之一業　一層　二層
彼且云主上愛我甚而上自命婿下訖嬪御皆得而喜怒之甚者龍
三層
閨受侮即后妃尚不免焉而何畏乎而主一小人之最嫉者宰執也而
君則曰宰執多可疑小人多可信則遠宰執而近小人者勢也然宵
人在側則瑣瑣姻亞加于黃髮之元老彼且云主上遇我厚而內自
卿尹外暨百司皆得而奔走之甚者噂沓背憎即宰執且受罪焉而
試上再翻一層也去黨：抉出不孫之害又妙在從容
何懼乎而君一且而君近之而不孫及于而君猶可言也而君近之而
近之
女子不遜于內廷小人不遜于外廷不可言也吾聞皇父擅政土田
徹為汙萊哲婦傾城公事休其蠶織不孫之禍及于天下矣且而君

近之而不孫及于內廷外廷猶可言也而君近之而女子僭禮于晉
年小人弄權于朝右不可言也吾聞考宮歸賵為春秋誅意之書並
坐鼓黌乃卑嬪慎微之論不孫之禍流乎後世矣小加大淫破義必
膺六逆之誅遠者德比頑童實倍三風之訓奈何身為家國主而近
女子小人者

何以待之　王速出令　庭訓

商所以待諸侯者未知佈告之不容緩也矣夫諸侯之兵固不可無以待之然非速於出令將何所以孟子之爲王籌也審矣且人主苟不脩德行仁以取信于人亦何怪其事勢窮趨倉皇莫措而折衷于賢士之計安所出也是故君臣商確之際昧所從者游移罔決懼搆禍之在人審樞要者急通莫遲知遠難之在我如宣王以諸侯謀伐江之間是已矣宣王非猶是民望之君而有千里之國哉號令政教足日之不畏一旦隣邦肆虐民人愁痛出一令以肅軍威伐國穌民矣下將爲不信矣况衆多謀議望臨淄即基而稱兵入國以救燕爲名

起訖盡致

此一段吃緊

直在無心中

俾惆悵焉不知所以待之也哉乃何以有弔民伐罪之機不爲雲霓
時雨之降致我后來蘇之頌而偏爲水深火熱之擧失簞食壺漿
之迎虐民益甚及至動天下之兵不自悔當事之非爲有釁可乘反
罪諸侯叛已之多而思欲審度于僥倖之圖苟免之計以商我孟子
而有以待之也使當日王能悔虐民甚於燕而以殺父兄係子弟毀
廟遷重器非仁政之所宜行則必留覽書愧不能效征葛之成
湯又收言天下有奚爲後我之望必將下罪己之詔以與燕民慰
又何待諄切陳詞而令孟子教之以王速出令哉獨是會倍地之利
者王（強之嘖者王）猶當自請師出有名不殊湯之七十里爲政於天下茲一旦欲

挽上自然

其引罪布告爲預待諸侯誅伐之詳得無沸汪致問之初心謂非應變之良策乎然而事窮勢極一至於此傍徨失措畏人實甚者非速於出令王將何以待之乎

匠心錯出有左縈右拂之妙其中間亦潔簡古無不迥出恒蹊非俗手所能及襲萬一 宋肇山

通篇全以議論驅駕作法勝人百倍至中間串挿映帶巧出自然又其餘事也 國華

言之得無訒乎　李本涵

不求在言者、欲無訒而不待也、夫以為訒言、猶若强之也、以為言自訒、則絶非在我矣、是故君子於是乎觀仁、且夫仁道至大而訒以言盡之、微子言人亦固指為淺也、抑知仁者無寡言之意而卒鮮多言之説、往往懍之者不知其何以至是而竟已至是、則必有先之者而初非有心以制於其間、為之信難矣、而此際何如也、身任綱常之責而得於心者、遂宣于口、誰曰不宜、且即吾夙夜時所歷之甘苦而自言之、復與人共言之、不覺其疊疊而親切也、斯亦情之所不能免者、叅業盡精微之蘊而寤寐依者、遂語誠從、為曷云不可、竊取吾數來所聞、不得失而畧言之、更委曲詳盡以言之、不禁其戀戀而數數也所又理之所不必然者矣審爾則言亦快甚也乃吾觀古之人之凡於銘之盟孟畢生得力不過一二語而因思古人豈不樂於而寔若其不樂爲者抑又何也吾考昔之人垂之典謨詠之歌咏歷代傳書不過一二篇而爲念昔人詎不足於言而不屑其不足爲者非無故也吾乃今知仁者之言之訒矣蓋雖欲無訒而不可得也凡於言之數日優者其中有所絀也於言之數日絀者其中有所優也夫纖悉無爲耳熟使言入人耳而堪動聽隙及還以所行核之而常百不踐一也予懷謙虛矣吾將勉吾爲之不暇而暇傷言不已哉凡人唯恐言之分疏不逮者大抵其肆心勝者也唯恐言之分偶過者大抵其歛心勝者也夫朕舌亦樸拙耳然使言出吾口而似予有得

迨徐以所本核之而每十不稱一也蜀救益多矣吾惕殫吾為之不遑而遑縱言是遑哉且夫言之失也恆患乎不及防必僕言口號而復訒之晚矣仁者無上不棄之以戒懼雖當言之之際而時切不敢盡言之愚人謂仁者為強而亦何強也蓋如或禁之耳矣抑夫訒之要也恆勵乎不及檢必僕言既出而始悔不訒為又晚矣仁者無往不處之以謹畏即當未言之時而早惕不敢遽言之愚人謂仁者之訒為矯而亦何矯焉蓋如或秘之耳矣得無訒乎而子乃徒求在言也

8 言未及之　二句

福建汪宗師歲考

永安縣一等名　賴　璋

言貴及時先時與後時者皆失也夫躁失諸先隱失諸後二者皆愆也侍君子者其慎之且言者心之聲也故觀人者往往因人之一語一默而窺其用心之所存而時有所宜自我先為不可也自我後為不可也吾謂侍於君子有三愆而言實為之請先舉兩端以示例焉夫言有時以多為貴者即侃侃誾誾而君子轉樂其馳辯多風也夫何愆亦有時以寡為貴者即恂恂訥訥而君子又喜其厚重少文也夫何愆所患者言未及之言耳吾獨侍君子或因問及則對吾共侍君子或因停及則對言乎其所不得不言也若猶未也少忍須臾較雍

容耳若之何遽以口舌逞也所患者言及之而不言耳吾獨侍君子問不我及則默吾共侍君子序不我及則默不言乎其所不當言也既已及之有懷直吐覺坦白耳若之何徒以括囊高也言未及之而言度其人必自覓其才其辨正樂於先生長者之前暴吾長耳然而躁矣躁則不可訓也愆也言及之而不言度其人必自謂守雖守默幸可於先生長者之前告無罪耳然而隱矣隱則甚無謂也愆矣是何也善侍於君子者貴以讓毋以競躁則讓遠與競近抑善侍君子者貴以直毋以訐隱則與直反而與詐隣在躁者不自知其躁始於一念之太廹遂輕率苟且致有肆無忌憚之譏隱者亦不自知其隱

餂於一念之過需遂遲留審顧難免以默為餂之嫌故曰言貴及時先時與後時皆愆也侍於君子者慎哉諸

字、切字、緊凡無可着推敲處 原評

良工心苦而取注不勞有弓燥手柔之樂

乙酉　二十
廣東　王成高　七名

言而世為天下則

言足為世則以言之本于身也夫使言未盡善欲其世為天下則難
矣此以知君子之言為不可易耳嘗謂人至吾高理物而欲不發一
議與天下相安于淡漠勢必不能第恐既令所言未足範圍乎天下
後世而天下後世亦相與置之此無他言非本身弗能洞然乎天人
之際也若君子之動而為言則無慮此大凡言不本于天者不足以
樹議型我觀當世緣飾之主鋪張文口亦可奪斯人之耳目致傳以
後或不免習之而玩生非言不足為世則亦所以言之旨無其耳君
子之言則本知天之學而出之智也以議禮而有言隆殺有等天秩
昭也以制度而有言觀物有辨天則一也以考文而有言形聲務以

天章煥也夫朝廷之一號一令未嘗無智愚而總責秩之早已
取數百代之人心風俗以緣為之準百世不殊此天道明百世敢數
此王章哉在君子修凝有素即訏謨定命恆存小心抑畏之思然惟
不輕于言之愈盡善而天下之奉為典謨者世世如一日則惟其言
之本乎天皆為不可易為已大凡言不洽于人皆不足以樹風聲
嘗見古來爽明之辟粉飾訓辭亦能聳當時之聽閱歷世既久或至
扶異說以相抗非言不足為世則亦所以言之未善耳言不逮言
又本知人之理而發為者也其為議禮之言經由必詳人紀章也貴
為制度之言等威必慎人孰著也其為考文之言點畫必正人文燦也
夫國家之化民善俗不無通變之良策而綸綍攸宣早已軼億萬姓

之聽明知慮以豫立之極百世亦止此入道則百世敉息此王謨哉在君子尊道切深卽遠猷辰告不無謹凜慎重之意然不苟于言言愈莫加而天下之聆其風旨者世世無異議也則惟其言之協乎矣者爲莫能外爲己矣况乎當日之民固已遠近戈爭頌聲至於世務

民之道豈其然乎

壬午 福建 胡應達 十名

言而世為天下則

有所本以為言、而世則不虛矣、甚矣言難必其為則於天下也、別世則午君子之言所為纂民過哉、今使一王有作○而無為訓於天下者○以垂範於無窮○民將何賴○顧一人之言○不足以勝天下之紛紜○而天下後世○曾不應所出者之不足以垂訓也○則以未出之先之有餘于兆也○吾試即君子之動者不又之言○夫行可以時必首○不可以意持○朝野臣為○何一不繫天子 酌○則 頻者不禁其議之生○行之數年而或不足者○言之一時而或有餘、言深蹤○何危悉適斷民之懷來○則垂之久者○更難其酌之萬口○是而欲其 則難矣○且○夫○言○之○求○者○亦○不○敝○必○本○為○則○于○天○下○也○

言周出○猶不有

鐸之求而況天尚地尊求無卑越英奇耳人上若論以補亡天下
之所來及而必欲以吾言制之使之愧不受氣於一數飲之內當
亦居子所不敢出者也抑言之書者下來必其世為之于天下也當
時耳目聞見不能出讀訓之外於也遠豈無勢異時殊間或
留其遺議以俟後聖人之作於而必欲以我言統之夜之備而哉
于一人不刊之典斯亦君子所來能安者也而吾以為君子之言世
則於天下無疑者則以君子有言皆本知天知人而出之者也渺渺
無定者百世未艾矣求其精微相授總不外在天之理為往後而君
予之旦明凝命則其布之綸綍者已若取後人之所欲吐而擱其精
華後世有作且轉恨君子之言無多耳豈其則之有異紛了而已也

者百世難料矣而求其簡切可遵總不易此在人之理為綱維而法子之不言躬行則其出之亶〻者已若樸微言之所必窮而大其蘊濯後世有作且自愧夫小言之弗敢爭耳望其則之而或遺故夫輔世以言其本尚淺而君子之精意不沒於天下有一王言出而天下不能窺其高深者後世有位奉其言可以為敷施之準後世無位奉其言可以為揣摩之要斯〻知君子之翼世大而有〻光闡治以言其事猶未而君子之聲靈與天下〻〻有一王〻〻出而天下無不奉為神明者國守其言可以繇于大順之世〻家遵其言可〻登于雍睦之風斯以知君子之國治朴而愈文蓋君子之動而為〻〻者知此〻其寡民過於天下後世者也而當時文〻可設矣

言而世為天下則

壬午福建擬程　許志進

王言重於天下、其世則有不真者焉、夫居子之言、皆其本身而出之者也、其世為則也、不猶之世為法也哉、且自居人者不能默然而興匡民接也、則言彰焉、言不足以行遠、則其言無足重、而匡民之過哉、無山寨、夫以帝王之尊、而顧寄於經生之脩詞焉、不亦勞乎、王天下之、居于天、何以憲此、始和大中興王之號令一新、而潤異時焉、或無以靖天下文人學士之氣、知其根乂之地、有參講也、綸綍迺宣寺之聲教四訖、而閱數代焉、或無以昭祖宗典謨詔誥之垂、知其訓詞之源有未真也、而居于本身徵民之言、則無憲此本觀文察變之意、而著為文章、其中各有無窮之義蘊、固非一世所能窺測也、性命

微之旨雖神聖代生不過闡發前人之緒論而無能有加展于觀
書文象之傳而知王言之不可以易也則雖欲不以為則而不得也
本建極敷錫之意而立為典訓其中各有不易之經常斯非數世所
能變亂也彝倫物則之恆雖庸夫孺子未能貫通前王之大義而共
能有達君子觀於時陳範之道而知王言之不可以悖也則雖欲別
有所則而不能也天地之精神日出往往任人之取攜當聖人後而
有豪傑挺生能以其學問所得自命於立言之傳在聖王亦所不禁
而無如不啻禁之也故雖微文湮沒而邪說詖詞縱不足以干仁義
之正則王人之精理有以貫之耳帝王之謨猷日新亦賴後賢之繼
述當聖人後而有英雄之辟能以措施之正則著為官禮之書于聖

王亦不必相因而無如不得不因之也故雖典章放佚而斷簡殘編終自秘為故府之守則王人之道力有以永之耳聽里巷之歌謠而音節合於風雅則教化之行深於婦女編史官之舊帙而褒譏命以天王則筆削之義繫於儒生其世為天下則也顧不信哉

言而世為天下則

壬午 福建 陳有懷 十六名

言可寡過于天下而天下知有王者之言矣夫使非王者之言則一時之天下且不可則而况其世為則也此三重之君子所以寡民過哉且一王首出能使發一令焉建一議焉而天下仰其嘉謨奕世奉其綸綍者豈誠有要結之術哉要其致此者有由而非以無本之論明天下之信從也君子動然三道乎得因行而觀其會盛世不啻文言亦似非君子所重然何以一言而後必兼文命之數肇修之餘猶有風愆之戒則有言不可無行有行愈不可少言而言之所係者大矣興綱紀事章程言文似非君子所急然何以一人建極而領天子者非行非訓克艱有政而美哉后[illegible][illegible]謀斯獻則言因行而著

者行亦因言而傳也而言之所存者久多也于勤而為言其世為天
下則也又有然也天命流行未能相洽語于斯世所賴一人時憲而
謨訓所宜寔與於穆不已之理默契於無窮秩敘本乎天度數本於
天與籍亦本乎天是君子之言〃〃天之言也天下後世不能外天
之理人何能外知天之言乎號〃之所垂東天下之〃〃者即以限天
下之心思其在奕世讀其書想其遺徽頌聖謨之洋〃若合數百代
而立其極矣一人性誕畀未能共昭宣于同類所賴一人綏猷而渙汗所
頒寔與蒸民物則之恒共喻于無盡因人以昭禮教因人以明百度
因人以辨形聲是君子之言皆知人之言也天下後世不能外人之
理又何能外知人之言乎訏謨之所及弛天下之志慮者非徒飾天

下之視聽其在奕世典籍所載父老所傳聞聆德音之秩秩若合應
萬年而立之準矣即因革異勢或有不盡可則之時然有變通於言
之外者寔範圍於言之中者也子孫維有神聖必不能外前說而更
張之本躬修以措諸詞一世莫能易則終無有易為耳即習尚異將
特未必世皆能則之人然言不能強好異者之聽從而言實能定趨
同者之準繩也後世不無陟也必不敢叛聖訓而變易之本皇猷以宣
謨訓一世莫能外則終無有外　　耳此三重之所以寡民過也後
世且然况在遠近乎

言而世為天下則

壬午　福建　張觀海　九名

微制作于言其世則可思也、蓋君子之言、將為天下則也、而則以世計、不可以思制作之善哉、且君子操三重以寡過其與天下相見者言為最著顧以言為緣飾之具則易以言為民不易之準則難以言為一時潤色之文則易以言為久遠章程之圖則難吾蓋曠觀乎天下而深有思乎君子之動而言矣天語之來皆符天之命以尚準于不已夫人而有遵于君子之言也是必自迪夫天而後可也聖人之令皆立人之極以浹洽于閭閻夫人而有背于君子之言也是將自背乎人而後可也然而天下則矣然而世為天下則矣今天下思觀大同之化也甚矣一旦君子渙汗垂于下斯準繩向于上其諸奉書冊為典謨而思淑其心思其學者求詔誥于文字而自善其足禮度文之煌煌不曾家為喻焉戶為曉焉殆不可以意增而意減也直束世世之耳目心志而納諸王章範圍之內矣今天下幸被文教之盛也久矣抑思君子德音光

上斯矩矱定于下其賢者知文章本于道德而仰助乎高深矣否者思中正所以化民而不革棄盛世禮度文之燦燦不曾耳為提焉面為命焉殆不可以時輕而時重也直斂世世之聰明才力而歸于王化蕩蕩之中矣則在當代而贍日月之光者萬方共秉一王之號令其有以作聰明以亂王猷者無有也綸綍所角山川亦戴天子之菁華而君子之言不已立成憲于無外也哉則在後日而湖雲漢之章者後代不改當年之制作其

有妄為擬議思變舊章者無有也時數遞更創制且遠于孫之寰區而君子之言不已閱萬古而如新也哉吾是以思居子之言非粉飾之其而本身徵民無偏無黨之言也吾是以思居子之言非一時潤色之文而天地鬼神三王聖人幽贊默契之言也猶歟休哉民所賴以寡過矣

言語宰我　白圭

張為標

材居言語之科可與謹言者並傳矣夫宰我予之言語固有特未知其盡謹焉否耶彼三復白圭之南容不更足多歟嘗觀聖門弟子不以言見者居多而易其言者亦不少於不以言見之中而得一能言者則能言貴矣於易其言之內而得一謹言者則謹言又貴矣蓋善詞為闡道之具而尚口乃致窮之階學聖學者立言非求也如從陳蔡皇皇特德行有顏閔諸人已哉試以言語考之夫言雖易材矣世非無放言高論以恣一時之口者然究其所言不無瑕病之可議故以之修談吐則善以之謀經術則以之折辯難有餘以

之稱風雅不足訛令一言之間讀且再三何能化人聞而懌說而信
奉為箴銘而不諠哉而非所論於宰我子貢也不見夫以堯舜尊孔
子令人稱為知聖者乎不見夫以內憂教田常使齊不敢伐魯
子嘗曰不學詩無以言宰我子貢其有得于詩教歟浸假而奉簡書
贊家國則言語必有裨於政事浸假而表遺經明道德則言語必
參於文學是雖未堪與顏閔諸人比德而已可與由求商偃角材矣
獨是言語豈聖門所專尚哉終日言而無不說者回非尚言也不妄
言而敦孝行者損非尚言也不尚言而皆見其駕言語之上
有言不如無言而多言不如寡言之為得也而知此意諸其惟

容乎夫南容固三復白圭者也彼其金人之言見於周廟故謹凜心追爲誦維之致且多言之戒領於老聃故言語之章藉爲誡則由是一日之朕舌若捫終身而出口三緘則南容之於言語雖若才所不遠乎抑亦意所不屑也他日吁徵予曰以言取人失之宰予又微賜曰不幸而言中是使賜多言而於南容無訑焉南容不誠人一等乎哉向令其與陳蔡之園微論宰我子貢與夫由求偃商不得徼以所長訂德行如顏閔輩安知不樂引爲同心乎記者紀之士於言語之後有以也夫

壯者散而　人矣　　楊大倫

民而散也當思所以聚之矣夫民之壯者非鄉所恃以與曾閥者乎乃其先則已散矣且幾千人矣抑誰之過哉若曰君知有司之爲重而慨然念之謂是民弗救爲也抑知民之中有膂力方剛足以經營四方者乎奈何民有可用之力而一時流離載道者即其人而約略其數有不勝撫膺長歎者也如凶年饑歲之壯者是已夫此壯者非不知故土可懷也而環視父若兄已不克稍延歲月焉已矣逝將去汝固無容再計矣非不念聚處爲歡也而俯視子若弟已不能保聚旦夕焉危矣莫我肯穀有適彼樂土耳而於是乎散矣散而之四方

引入散字

者且幾千人矣二餔不充奚卹差來之食三餘何有豈計跋涉之艱
之予此復之予彼肅〻者雖卜底止於何方之予彼復之予此嗷〻
者自恨謀生無定策托處雖在他鄉試較以溝壑之阽危尚幸須臾
放寬一步正是逼進一層
毋死夢寐不忘井里一迴念老弱之轉輾直雖不如無生在昔賦黃
四面諷托倍覺淒其
鳥以言旋君子猶重傷其失所而況纍〻不絕且將遠適於異國縱
令就姻婚而居處哲人亦深嘆其劬勞而況擾〻而往者猶恐過人
之我艱噫嘻悲哉此幾千人也窮途之悽愴旁觀者方謂昊天之不
可痛
弔降此大戾雖繪圖而進亦難繪幾千人之情形異鄉之景已自揣
者亦謂我生之不辰逢此百罹雖痛哭而陳亦難陳幾仟人之顛躓

而君猶曰吾有司三十三人是恤其臣而忘其民也抑還念民為誰之民而忍令其若此也

耳之所聞目之所見情形逼真。幾千人對上三十三人三十三人之死不償幾千人之散針鋒緊對最善揣摹

以勤敏而奏膚功遇強鄰而獲速效。

第三十八冊　卷一一三

君子上達

趙炳

動而無極、君子有不敢不上之勢焉、夫人見君子上矣、而君子又見有上者、必求其上者而達焉、危不得上也、且夫人心未有一息不行者也、不行乎此則行乎彼矣、故人心不可一日變、不可一日不變、變則懼其違我志而失、不變則懼其限我志而亦失也、吾乃今知君子矣、凡人處幽則見寡、處高明則見博、故同此耳目、伏處弗見也、升高而望之則見矣、由世人而睎聖賢、謂聖賢爲已至也、至乎此則識闢而境愈多、未臻之數必多乎已臻之數矣、凡人居平則見安、居峻則見危、故同此神情、淵處弗危也、陟高而臨之則危矣由世人而望聖賢謂聖賢爲己安也安乎此則情生而道亦迷所往之途何必非所及之途矣然則君子雖欲不上達而有所不敢也均之行也偕行者衆疑者亦信偕行者少信者亦疑亡其始也同事未嘗無人逮乎界彌高則偶彌寡學之數年而強弱半者退矣又學之數年而強者亦退矣斯時徘徊望今人已遠古人未接寥寥我獨行焉憂乎艱哉而君子不知其艱也憶始之與我侶者何衆而今皆早觀若此雖欲不精神日厲不可得耳均之行也見功日增怠者亦勇見功日少勇者亦怠亡其初也程功可以日計及乎德漸崇則效漸簡學之幾更而得多且爲得少矣又學

之幾更而有得且爲無得矣斯時徬徨瞻顧前功未長後日苦多（有日秋亡不是一下便了）（上達）渺渺無終途焉巍乎遐哉而君子不虞其遐也思初之視我後者何邈而今乃漸躋乃此使我中道寧息又誰恤所底耶今有人置（中道歹下然處休如）一物于可升可降之間無意而聽其所之必無幾倖或上之理故（眠前傍理都言人見得）（上達中有後起工夫）君子循途曲進若自然而非自然也人自有生以來翼我以上者衆阻我以上者亦衆君子有定識焉神智引我以則從之情好誘我則却之敢因任而入于不可知之途哉今有人置一物不欲進（勿著知勤方從得日進云是）未進之地忽焉而來其驟至多有意外難測之憂故君子一意孤（上達中學問致工夫）行若銳進而非銳進也人于學問之後或無意于上而已上或亟

期其上而非上君子有忍力焉力有所愛則倦之忘其忠久心有所戒則守之乃以行敢馳驟而趨于不可必之域哉苟非上則亦矣非君子則小人矣

無一字是譎辛澀津無一字是時文牙慧鑿空破遁逅心獨造 川玉看

小人一兩即從居之胸中寫照説謂祇只後而發之本分乃廣為出力危

言篤論勸魄驚心秀筆宜日讀一遍。中間第一段任意游走下傍寫之

君子之仕也

康熙丙辰　陳錫嘏　介眉

原君子欲仕之心、爲不仕者廣其見也、夫不知君子之所以仕、遂有以不仕爲高者、抑知欲仕之心、有非丈人所知者、、且自出處之殊途也。不知出者之何心、而徒覌于形迹之間、則處者之逸。反得以傲出者之勞。抑知用心之所在。有願爲其勞而不願爲其逸者。苟非所係甚重。不幾笑其多事與。潔身亂倫、亦未聞毅于君子矣。顔衡泌而栖遲。君子豈不高其節。然有時多方招引。而終有所不顧者。豈泉石之不足怡與、蓋其寤寐有深焉者矣。賦馳驅于周道。君子亦自憫其勞。然亦嘗幾經往復而終有所难也者。豈走結之誠足戀與蓄其性情有挚爲者矣吾重念夫君子之仕也以右子而生隆盛之世則頓瞻大廷之上大者匡王小者定霸濟濟哲不乏人矣亦何难不仕以讓厥責而君子不敢也念明良之忽遇而彈冠且以相慶疇肯自外于聖世乎犧非實有見夫仕之理有非人所可諉者而何爲若是之皇皇也使僅曰析圭擔爵而已也君子早已淡然矣以君子而生衰微之巳則瞻覌山阿之側独言恐閒獨行恐見寘寘者亦其多矣亦何妨不仕以高其志而君子不安也執羔雁以登朝而歷州且以相君奚忍自棄于草野乎藉非独有見夫仕之責有爲己所當盡者而何爲如是之汲汲也若

第曰銘鐘勒鼎而已也君子久已鄙之矣我觀今人之仕而有慨
爲位即以高也祿期厚也營營祿位之外別無所以自見其性情此
其人之仕也誠不堪爲不仕者告也若君子之仕畢致君澤民之
屬有待之綸經而惟此隱隱之欲仕之念不啻如父子之有慕而殷
然其如嘗耳我觀古人之仕而有羨焉耕于莘矣釣于渭矣悠悠
莘渭之旁忽有所以自顯于明聖此其人之仕也非即今之不仕
者流與故君子之仕繼一德一心尚屬後來之際會而惟此耿耿
欲仕之志不啻如兄弟之有懷而昭然其可鑒耳知其爲行義
丈人可以出而仕矣

截下題近人每于題前多作層折。一到正面便住。以下面作半
接得下文。而題之真神。前後不能多見。故也。但時每作八股、
後比直逼下文。而中間或用倒繳。或用反擊。不犯正位。以避雷
同。其法殊。其理一也。此文可云斟酌盡矣。

君子之仕也行其義也 其一

明所以士之致用世之心益迫矣夫人惟不知有義故以不仕為高耳
而以吾仕也乎哉義在則然也其用世之心不益迫乎想其述於大
者曰今世之所最不可忘者非即此遇合之間哉雖然遇合亦何常之
有見為可已則亦已之矣夫苟思其所以不可已之故則雖不必論其
之可否而惓惓無已之心固有如是則安不如是則不安者以相迫
于功名之內正不必謂潔清可尚而徒自外于君子之列也已夫君子
贖觀于身世之間而知有不而自淑之理即不可無出而淑世之思故
撫躬自問常有惕然而難安者即在策名委質之先君子懃籌于出處
之際而知與世共善之心更切于與己獨善之心故繾綣情深恆有睽

然而欲赴者正在攬轡登朝之日若然則仕其可已乎而吾得正言君
子之仕矣第曰勲名可慕不憚馳驅以從事者猶後也試思戒生久佚
之重亦惟此冠履之辨為當然耳誰非臣子其敢遺棄乎致栖栖道左
人世之見為可已者君子之所為難寬也推此心也無論明良為利見
聘而仕固維繫即世際式微舉天下皆無可仕之邦而所以仕之心
仍維殷蓋亦適合乎義之當然者而已也而他何論焉第曰抑鬱難堪
娣妾則以相從者亦非也試思宇宙綱常之大亦惟此天澤之分為
六　手共為臣子其能背戾乎致矯潔鳴高人世之所為可安者君子
而仕固難已
之所為可懼也推此一念也不必出身為致主之階
隱綸畢吾生無得仕之日而所以仕之念尤不忍已蓋亦無歉乎義之

[illegible]己也而餘又何計焉且夫欲行天下之大義者必不敢忘天下有〻古之人當躬耕莘野之日若一隱于隱逸者之所守而寵之君[illegible]一徵之風未嘗去諸懷也故此身而〻日不仕則一日之中其負疚〻〻義者寔多即全體或不勤穀或不分而此義則斷不可易也自非然者泉石自甘當世豈乏長往之士而君子獨皇〻于筮仕之間者何為[illegible]哉抑欲行天下之大義者必有所不遑於一身之微一[illegible]者也古之人當屈處渭濱之年若無意于遂時者之所為而抑知君臣合濟之懷曷當以自己也故此身而一日得仕則一日之中皆足見吾義之彰於所以田不必芸篠不必荷而此義則斷不可遺也自非然者嘗名於詩天下〻少覯交之輩而君子終不欲苟且于仕宦之途者何為也哉行

其義也。是則君子之仕也。爾夫人獨無意乎。而顧以不仕爲高、、夫君子行義之深心耶。噫。亦良可嘆已。

夫人只說潔身不知行義仲由此語正是當面一棒使云回頭猶肯任者須說的雄偉不得輕輕道過此晃如房中細語、、豪兄獨得此意唱歎有神恍似仲子涌石褚削令予呼之欲出予子謄斯評

君子之仕也行其義也　其二

為不士有正言君子益見義之不可廢矣夫從仕不為義則仕亦可已君子之仕則有義存焉彼終隱者其謂之何令夫有出亦有處者世不可必之遭逢也而可出不可處者古今至不易之定分也士生斯世不獲慶賡颺于三代之上而惓惓為世之心常有惕然而難已者故為是自勞也蓋誠有見于綱常名教之大悉為一己以內之修而何容矯節鳴高以自托于身世之外也哉丈人之不仕也其亦未聞君子乎君子急切民物有獨善其身之事即有兼善其身之業君子身持彝教有入而敦倫之理更不可無出而敦倫之思曾是君子也而有不仕之旨哉雖然仕亦未可概論也馳情皇路者大抵為祿位之徒後志夸

危者亦祇為顯榮之階即或抱不世之材負特異之姿而厭之之開者非為營名則為建業也彼入世之士出處無係重輕者比比然也向使君子而亦不免于此也則是勲名之赫奕何如志節之清高也道路之馳驅孰若巖阿之自適也吾想天下以此識君子而君子亦無以自解于天下矣然而君子匪直此也君子蓋有所以以也曰行其義也已義不論顯晦而惟以凜于一身者為大吾觀古之君子當賡歌颺拜一氣其所謂一德之休者固自無諂即或名山終老無慕通顯而忠愛之必猶不能自外于率土王臣之列者無他義在則然也且夫義以行其所一敢者而已念宇宙開獨此冠履之辨為不敢易耳備嬌語巖穴乎乃曰謂若冠履之謂何其敢之也所以皐皐委贄而況擠有所不辭

此意□發

不可□□

□偶可適哉而我必不可忘君要亦存此義以與之相周旋焉已耳

義不容窮通而惟以聞于一世者然切吾觀古之君子當明良喜起之

其所謂都俞之盛者固自宜然即或時值艱貞舉世莫容而一念可

猶欲以輔主明用汲之思者無他以在則然也且夫義以行其所不忍也

者而已思古今來惟此天澤之分為不忍置耳倘高言潔清而長往不

顧天澤之謂何其忍之也所以棲棲道左而時命不以一□使長途

多載贄之客而山林必不可有隱逸之夫要亦存此義之以□維持

焉已耳爾丈人獨非君子人乎而願以不行為道解哉

句句是與丈人商量卻句句是與丈人對針知其以字識圓

通篇人數等而英詞蔚集筆底後饒江花　甲子潜評

君子之志　二句

學聖者必以漸毋躐期其達也夫志於道者亦欲其達耳然而不成章則不達學聖之君子可不以漸而几乎且夫聖人之道日懸于宇宙之間學聖人者未有不以道為期者也然而效必屢遷机當自至使凌節以求則窮大而失居亦終其身無與于聖人之道而已矣觀流水之為物而恍然知道之所由達矣天下無久而不達之道使終身勤求奉一聖人為依歸而道終遙而莫以則勤求亦嘆徒勞矣[illegible]達之道使甫事進修立一聖人為標準而道漸于期而有獲則進豈不甚易而不然也蓋君子之志於道固欲

以奮然而已而君子之進於道及先求其成章而已方其始也望聖
人之道治然不〻、、之可尋耳乃漸而積焉漸而深焉循〻乎因流溯
源之功知其所當〻不行其所當行覺仁以成章而達于熟義以成
章而達于精否則未能斐然而有成有不免靡然而已而何以達也
及其繼也去聖人之道依然溯洄之無自耳乃日而漸焉月而異焉
登〻于深造自得之中知其所未知行其所未行覺德性以成章而
達于廣大學問以成章而達于精微否則未能闇然而日章終不免
于廢然返矣而何以達也若此者將以為㪣之太紆而君子不患其
紆也宇宙無窮之詣原非一蹴之所能几遥望焉而先畏其難甫

焉而輙期其獲斯無望其有成耳君子所為以必達者勤于始而厲

于終故不自擬之川流不舍循乎晝夜而效可屢遷將以為机之甚捷

而君子不圖其捷也斯道精微之蘊原無可以倖得之術過高而践

行之無寔欲達而進取之無方有終其身于無成耳君子所為以漸

達者足乎此而通乎彼故致功同于習坎蓄積等于原泉而机可自

至然則學聖人者苟知聖人之道大而有本而學聖之功漸而易入

庶幾所志之不虛[illegible][illegible]於道何難之有哉

君子之志於道也不成章不達

原道所由達而知功之貴漸也夫志道亦志於達耳而不成章又何
以達人奈何不漸以施功乎且以聖道之大而有志學者往往阻焉
而難通非其不求于道也正惟急求于道而其于道也愈以紆蓋道
未嘗不予人以可求而亦何嘗予人以驟而求也即天下甚美之境
人思赴焉乃不循乎其途則此中之意趣無窮可望也而終不可即
天下可欣之事人爭趨焉乃不審乎其序則一時之頃刻自徒勞
也而終無以收其效者以其殆不達之說也由是以思君子之志於道也
志非徒志必有期于道也而其志乃遂矣達不遽達必有待于章

之成而於道始達矣章以符事乎外以為言也而功之積於內也若
從無不見以乎小足以之所散而著焉者也合衆散乃聚々則達矣而
如欲一蹴而幾之斤斧越乎士不希賢而欲追蹤于聖域賢不希聖
而欲高語于合天古今聚望道甚殷而卒之循墻進退未一投足於
精微君子有以知其所由致矣成章也者事乎內以為言也而華之
見乎外者莫不根之于內是道之所析而分焉者也合衆析乃全々
則達矣而如欲躐等而就之庸克純乎下學之事有虧而妄希心乎
上達謹獨之幾未審而妄馳想于中和人世間求道甚衆而究之暗
成虛願絕無所當於高深君子早已知其所以分矣夫然而苦于達

之難者有之。夫達則何嘗難也。仁而體其仁，則其仁必章漸焉而可以育萬物；義而成其義，則其義必章漸焉而可以裁萬事。有獲也。不然，力不能勝，將轉而為寬假之念，幾見虛願者之真修也哉。夫然而狃于成章之易者有之。夫成章則何嘗易也。育萬物者仁之章，要未嘗于成章之外有益吾仁；裁萬事者義之章，要未嘗于成有益吾義。學問所以無窮也。不然，急要其成，反不屑為攻苦之狀，幾見淺嘗者之克躋于中正也哉。故曰功之貴乎漸也。學聖者奈何不知所從事乎。

君子之志於道也不成章不達　鄭化龍

志道者有達機，不成章不可也。夫志於道，固亟欲其達也，然而不成章，則胡以達乎？學聖之君子，尚其勉諸。嘗思東魯有聖人，道高萬世，後之君子，豈不欲從其流而達其源哉？然下學未盡，則上達難期，雖所志徒殷，恒見其達之非易易耳。水之行也，必待夫盈科，是水有科，固水之所由以達也；水之科既盈，又水之所由無不達也。學聖之君子，其於聖人之道，寧志乎？其志於聖人之道，曷不審所以達之故哉？試思夫增之上游之濟，其時游聖門者，如顏曾由賜諸君子，生平之表著，蓋彰莫不然矣。雖未能學山即至于山，學海即至于海，要

其維丕漸進其於道也殆庶几焉則惟以其成章焉故也」彼之

君子果其遺原蓄之深不至闇汶而無華」則其至于道自可足

乎此而通於彼矣格而難覩」倘其不然擇執之功未殫而無誠

形著明之驗將何以達焉而至夫知之至而知天行之盡而盡性善

信之姿雖美而無充實光輝之盛將何由達焉而至夫大而幾於化

聖而極夫神」以故文章未喻不克驟闇乎性天忠恕未明不能遍希

乎一貫聖道之以漸而進者夫非達則必由成章之明驗歟」君子覩

乎此而知志道者必循其序以求之凝之又从將與盈科後進放乎四海

者同觀不則紛悵望于聖人之道徒等之望洋而嘆而若而嗟矣云

君子之道造端乎夫婦　一節　　董其昌　三名

中庸論道自近而極言之也夫以道觀物無小大一也內造端以及其至而盈天地間皆道矣中庸結言其費也若曰道也者生人之心也造化之命也無始也而孰知其端乎無終也而孰知其乎乎顧以夫婦之知能合之於聖人天地之不盡君子之道有不得而終隱者矣吾知天地未有離人之道而夫婦者道中之類也天地未有離性之道而夫婦之所知能者道中之事也則道實造端於夫婦焉居室不為近也三極大中之矩於此洩其幾矣倡隨不為粗也二儀訢合之理於此露其朕矣顧此猶其小者耳自語小

者而究其分量之全則乾之清坤之寧何莫非太和之運量此猶
其莫破者耳由莫破者而推其功用之極則上之際下之蟠何莫
非於穆之流行天地以一故神而道也者一之樞也是兩間之紛
紜變化其帝則之必察乎而職覆職載皆鳶魚類矣何況聖人之
並參於大造者哉天地以兩散化而道也者又兩之始也是宇宙
之形色象貌其至散之昭察乎而易知簡能皆飛躍類矣何況聖
人之效法於化工者哉唯其端起於夫婦故識其端而不遺庸行
者君子所以握道機也唯其至察乎天地故悉其量而必臻位育
者君子所以宏道用也此語道者必曰君子也

君子之道造端乎夫婦 一節 董其昌

他人講察乎天地處補足聖人每云此豈聖人所能盡者如此則道是汗漫無紀之謂可謂大謬矣察者費也言雖天地之大而其道之著察無異於夫婦也天地猶著察如此況聖人乎上文不知不能正見聖人只在費上做工夫此文得之李安溪

首尾皆言其著察費字歸宿亦造端及其神理黙化通章各還本色是結上文恰好文字出自今人手僅渾渾約舉大趣無復遂一涌現矣文敏自許荊川嫡孫行此作真不負一瓣香評家易之未悉題中旨幸何似耳何呪聽

以顯淺還題而義蘊悉舉文到恰好正復大難 王已山

謹按文有富貴之氣者其成名必盛其受福必永求之名家不可多得惟華亭董文敏諦賓主八法文自成家甲乙三榜暨其經入館閣歷卿輔有名東林而不與其禍壽逾大耋子福最厚觀於此文固已先見富貴之氣矣○己丑闈墨雖以醞藉勝然於題之脉絡筋骨節未能合拍殊遜元作故錄此以概其餘

君子平其政

政貴能平，可為徒惠者訓也。大國之所重者政，而政貴其平也。視能平乎，君子尚何徒惠之是為乎？嘗觀大臣之秉國，與庶司之効職也不同。蓋庶司代大臣而分任，即一德皆可以論施；大臣代人主而統治，非綜理不足以經邦。所以古之大臣，詎有非常之舉哉？亦惟握要持綱，公其經綸，以應乎宜，而必不樂為此偏私之布者，斯足尚矣。吾觀子產惠而不知政，而因有懷于君子矣。躬接政治之難，而徒行之以惠，縱意即無他，而緣已非善也。則知濟人利物，其所以數布于朝端者，君子當必有紀綱法度之施矣。躬握一國之重，而乃以惠為政，是識其事而未闡其理也。則知推恩布愷，其所以推暨諸草野者，君

子寔必有公平正大之体矣則甚其政之不可不平也君子則平
其政為君子屬行政之任必於其可大者而圖之假令朝廷有於[illegible]
之令草野竭愉將之若則訟日施之以惠而小民之不被其澤者終
如故也君子則當亂矣何者當輕何者當重悉本平康正直之意以
出之而偏陂之見有不知其皆訟則章程平施之日皆為君正分予
之恩爲斯其數盤爲盡善爲爾君子精為政之難又必于其可久若
而謀之藉使國家無制爲之度而閭閻有離散之憂則雖急予之以
利而下里之不蒙其恩者終自若也君子則知之矣孰為宜因孰為
宜革俱本均齊方正之念以數之而狹小之見有不識其胡以盡化
則賦政優優之際即為恩膏下逮之日為斯其施設為咸宜爲爾大

抑吾人之聽政也有時可爲天下布其澤有時而不必爲天下施其
恩君子非不欲以恩濟人也特以國家有綱紀之謀而無庸此〻之
者爲也彼古之大臣經綸天下許以不俟惠愷而人情靡不有其大
慈者非特此公平之体也哉抑吾人之爲政也有時爲人給其求有
時不必爲人給其惠君子非不樂以其惠者給之已也特以人臣有
調劑之勞而無事此煦〻者爲也彼古之賢相統攝宰內許以不求
恩施而利澤罔弗遠播者非得此蕩平之要也哉彼惠而不知政者
何不奉教乎君子矣

語〻甚徒惠罵針堪爲

君子亦有　一節

賢者訟用情于君子聖人由公惡于天下[illegible]夫[illegible]欲[illegible]有惡問君

子知君子之善用其情[illegible]天下之公[illegible]哉嘗謂惟

仁人能惡人此必有深關天下賢之憂患存焉盡言僞

而辨刻薄傷醇厚之風行僻而堅[illegible][illegible]道義害聖人早難角

痛恨而欲大為之防一自賢者之間發之而嫉惡之又[illegible]乃昭於

老揭矣昔子貢之以亦有惡問也豈非見君子之必有惡哉吾儒

存忠[illegible]一心豈必過為[illegible]甚然苟有大傷乎[illegible]學者又[illegible]得不峻

縱而萋斐著其詩夫[illegible]演[illegible]封深情可會或堪補魯史誅

九

雅具中和之德豈必漫事苟求然苟有人失于中和
烏得不為糾切而氷凜其氣斧鉞振其感意可尋妨
大正聞人之律蓋公惡之理自在人心而用惡之準斷歸君子子
曰有惡而其惡可歷歷數矣宇宙譏彘之以因習出之渾厚而
成夫子之作春秋也為尊者諱為賢者諱褒貶所以正其趨而稱
人之惡者仁厚之意無有矣上者忠敬之心何在矣
喜談人過豈但心非妄誹隙性誕之往往于其
深絕之門羅穆伏來人心之和頑而醇夫子之戒及門
也好者亂所以通其蔽而者氣以

凌人矣果敢而窒者無知妄作矣既鮮遂為武斷已成术
滯豈復道一滷莽固滯之徒治子其重序乎且此數者之可亞
其貽害于性情學術之間者豈各教之私廣以統律倫以
就範而言動有經乃淺薄者多浮儇巧寔濟其天則桀驁者自用
神明悉錮于拘墟各執一見以文之而或則畏陰或則畏陽皆是
為敗我彝常之懼自聖人以明睿照之而誅筆伐即以正天
之性情匪彝之懲艱必偕一世以陶成而檢閑不踰彼泰口說
肆談
開清議之端血氣而滯心思即為黨援之漸各執一
競而或則失人或則失己皆由于無所忌憚而來惟印

之而紬繹繩愆藉以正斯人之學術夫子告子貢不亦盡哉蓋至不得已而用悲聖賢之憂患存焉矣不更可所子貢發問之意耶

豁達者其氣矜鍊者其詞說到性情學術由之正洵為行者　杜起元

悲字是聖人憂患之心文為得間發義正精理瀾氣相輔

所行是何意態雄且練　廖

金鐘大鏞在東序冰壺玉鑑懸清秋　廖承符

。君子而時中

葉秉敬

中之屬于君子、惟其時也、盖以意而用中易、以時而用中難、此中庸所以屬之君子與、且中者不易者也。時者屢易者也。在此時則此自。有。不。易。之。中。在。彼。時。則。彼。自。有。不。易。之。中。故。不。易。之。中。惟。屢。易。者。能。用。之。則君子之中庸是也。（二句完君子一層）夫君子何如人哉、彼其戒慎恐懼。（二句是所以）時時有未發之中。（時中之故）本立道行（一句說到時中）時時有中節之妙。凡夫古之時若何（。吾。嘗。句。却。起。得。熟。忽）而。中。耶。今。之。時。又。若。何。而。中。耶。儀。若。身。親。經。歷。也。者。故。有。時。執。古。以。御。今。中。也。有時居今以變以古亦中也。時為之也。凡。夫。時。之。常。若。何。而。中。耶。時。之。變。又。若。何。而。中。耶。無。不。隨。處。體。驗。也。者。故。有。時守常而不變中也有時遇變而易常亦中也時爲之也一人皆曰無（暗用子莫）過不及是爲中矣而君子曰苟不當其時即中也而反過焉即中（執中事）也而反不及焉故衆所共由以爲中者君子以時裁之而不用者（暗用禹稷顔）也一人皆曰有過不及定非中矣而君子曰苟當其時即過也而亦中焉即不及也而亦中焉故衆所不用以爲非中者君子以時適之而必用者也故謂君子先時守中者耶則虛中以待並無所待者在謂君子臨時索中者耶則知時之明若有前定者在君子中庸其以是夫

看破伊川論時中等條直云不當其時即中而反過當其時即

過而亦中偏借不過及以翻醒時字其妙于語言又似得蘇氏易解之髓學之文能從此等處隅反則幾句傳註人〻以爲熟爛者忽出無窮清新矣何屺瞻

大註言以其有君子之德而又能隨時以處中又言君子知其在我故能戒謹不覩恐懼不聞而無時不中存疑云知其在我三句乃是推上層工夫說君子所以時中處不是屬君子之德句內觀或問曰君子爲能知其在我而戒慎恐懼以無失其當然故能隨時而得其中尤爲明白新安虛齋說皆誤愚按必知存疑之說則君子二字方如朱子所謂只是說箇好人其與時

中方與是兩層而字方出若以知其在我三句屬有君子之德句内則與朱子只是説箇好人之解不合其與中乃是一層矣此文君子何如人哉句已了卻君子二字一層彼其戒慎恐懼二句乃原所以時中之故本立道生二句則説到時中体認註意分毫不爽

後股兩層意只就对面翻轉説来遂能極其昊異具此筆妙臭腐悉化為神奇矣 右衡

君子有三畏畏天命畏大人畏聖人之言　李章堉

以主敬者循理、理得而敬無不存也、夫君子無時非主敬、而畏天命。則循乎理矣、大人聖言、有不因天命而俱畏哉、且夫大人巍然中處、俯

房評：老氣横凡九秋。

仰聞皆不愧不怍之地也、而偓其神以容與為檢、則息息在可危可懼之中、惟確見夫誕界者甚鉅、故其刻責之表不得不嚴、而天與人常君交挾其明威、抑吾心以受裁焉、而無敢越、盡嘗竝觀乎志氣之如神之應徵、窺其怵惕惟厲之原、而知君子者無在非事天之心、森

房評：鳳翔乎似。

著於上下古今之際者也、幽獨以澄而始清、即惟恐有念慮之不澄

補知字挾題之根

乘乎其隙、君子早濬之以清明之志、而鑒觀有赫、并即鑒觀所令寄

房評：擗某暢明

說來自是畏

者亦怵之以涉水履尾之形義理以析而彌精即惟恐有幾微之未析持乎其介君子于黙運之以靈瑩之識而陰隲維均并即隲陰所統承者亦攝之以佐史立監之範是故繫翼之志幾無餘地以自寬而悚惕之神遂覺依類而交集約其所畏蓋有三焉且夫天之所以與

旁評理

快實以立幹天臺條而細緊

我者備矣哉寵綏至貴執錫之榮冥漠可通匪提其耳彝之秉也性之恒也即皆天之命也念繼述之非易穀鉅有莫謝之仔肩凜蘖蘖之堪虞糾惕無可弛之風夜夫安得而弗畏而大人則繼天之宗子

旁評從首句推勘出來語語透闢言皆有物

也天眷下民因有所獨為眷者而寄之以權非勢所崇實道所統矣義在尊王則曰不僭分惟貴貴則曰憲章德位兼而欽若彌惕畏之

即所以奉天也而聖人之言則代天之先覺也天牖下民因有所與
爲牖者而宣之以教非迹所留實理所顯矣聆其精一用以提躬佩
其訏謨用以經務性道合而明徵以定畏之即之所以承天也危微
不並域而居而力抉至微之幾者動念而皆若有危心豈無洋與自
乎
原評：沉雄宰鍊吐氣如虹
呈兢業矣明旦之威無地不糾而亮天工者嚴有恪寅天化者凜無
言三者不啻環爲責焉則辨危於微因怵微以危而泰宇內之罷皇
最下小人一邊提畏字入微
初不隣於杌隉斯慊無中立之介而默勘夫自欺之隱者無往而敢
承以慊志亦有坦夷勿忽惕厲矣陟降之思無事不體而天位尊則
皇極建聖謨著則顯道彰三者不啻合爲注焉斯判欺於慊乃凜慊

以欺而居易時之儼恪仍不懈其操持若小人則不知是

大總裁陳　評和粹春容莊雅不佻

大總裁嵇　評鑄吐詞戛戛獨造

大總裁鄒　評精醇宰鍊意度淵涵

乾隆壬申

○君子疾沒世而名不稱　　陳際泰

觀君子所疾、而修實者宜詠已。夫沒世無稱、即生平之實可知也、君子疾之、自修能不急乎、且名非君子之所貴也、生無一人知已（題旨在沒世字不）（可火矣一歎）而乃慫々託於後世所不可必之人其事至迂而好名乃益甚然君子不能忘情於此何也。曰非疾乎無名也。疾乎無實也。非疾後世之寂々也。疾乎當世之汶々也。蓋當世猶可自解於相忌之口。至、於沒世則愛憎之權廢而是非之用明。且當世無稱猶可自待於論定之時至、於沒世則泰驗之途真而表揚之事起。顧乃猶然無稱如此也。與草木同腐而體幽靈弱（裏與心絕）史氏或至自失其姓名夫

身不可壽而名可壽竟不能引而長之此亦人生之沉痛耳乃
猶然無所表稱如此也與幽厲並傳而更世易年子孫或至嫌為
舊眼或挽德怨視之共則人今
痛心疾首矣
其後裔夫貌不可榮而名可榮竟不能嗣而續之此亦生人之所
壽字只借用
共悲耳凡人有凡人之壽聖神有聖神之壽百年享其利百年畏
其神百年尊其教蓋棺而自託於速朽之事固將自謝於神明聖
對天坐
賢有聖賢之名豪傑有豪傑之名太上有立德其次有立功其次
有立言屈指而不能預於將盡之間豈復自齊於濤伍夫反於寂
寂合於冥冥骨不欲久名不欲傳此或有激之談抑亦方外之旨
生氣橫浮淋漓讀之神悚
若吾儒之道生有尊崇之勢沒有賢明之謚苟或道盡數窮亦且

身。修。名。立。古。今。一。揆。安。在。其。不。同。然。也。哉。是。以。堯。舜。業。業。湯。武。皇。

結。出。脩。安。之。宜。豫。方。見。語。言。归。宿。

皇降及有志之士皆勤不息之行誠不。欲。蹉。跎。歲。月。坐。致。銷。沉。也。

牛山之涙雍門之彈徒增怮怛須道着實地使人懍懍有立志

方是一棒一條痕文故爲着着緊也

君子喻於　二句　米調元

微言君子小人之辨其心各有所喻也夫君子有所喻以成其為君子小人有所喻以成其為小人義利之間人可不謹所喻歟且夫人各出所見以行於天下而欲欲焉皆有惟日不足之思使其人易地而處之則在彼不知此之制行為可安而在此不知彼之擇術為可樂蓋彼此之邪正不同公私相交而要之其心既各有所知趨其情亦各有所為也昔人嘗以是得君子小人之辨焉令夫君子之一有所為而當世之小人從而交怪之後世之小人從而道笑之不以為意即以為自若然而君子自毅然有所不回者彼小人誠不知君子自有所喻焉耳君子之於天下也言不敢以妄發而必依乎天道自

不敢以苟動而必依乎正理人君子豈非真知義之可親而親之者子原夫君子之心不由乎義而遂覺俯仰洪纖以已必由乎義乃惺然天人胥可以無愧是故人方爭慕乎三公之貴而君子以爲不如吾天爵之爲榮也人方競求乎萬鍾之富而君子以爲不如吾生德之可能也蓋真知其事之所當然而以爲不容已又真知其理之所以然而以爲不可易當其守一義以爲超絕不知天地間可由而不可離者更有何事其就義也甚果而其取義也甚精是則君子之所以異於小人者而已矣今夫小人一有所爲而當世之君子起而交攻之後世之君子又起而爭非之不惡其無良即哀其不智然而小人率斷然有所不顧者彼君子詆不知小人之自有所喻焉而

君子喻於義　許汝龍

喻有物出於義者，君子不自知也。天性知有義而喻之，然喻之則所不自知矣。子故為君子推之哉。且天人下無一不在名數中，詩書之所習，師友之所傳，平居議論之所矣，若非是不足以自喻，而拘于其名者亦莫以義相推許。然究諸隱心惻隱之微，而能嚴辨于其途，而豈盡為曲折以赴之？為名教顧者，天下有幾人哉？則非君子不足語此。君子知考業雖殊，而理之至覺無非昔古今止有此一途中為不能也。人情雖異，而心之至純無雜者，生平祇有此一[illegible][illegible]為不可也。故嘗[illegible]其所志，考其所習，以究其所嘗好，而知人固各也。惟君子則于義而已。義必精于無可似道德[illegible][illegible]人亦[illegible]為[illegible]

而必微人性則似是而不能雖同此倫數已隱然千古之分途君
斷之精矣斷之精故微特綱常日用顯著于云為者為義所必
全于渺微幾于幽獨人或忽焉不及持者昔子思之于指
之交為責而務求其可安即強合也蓋素所當積然也義必純于
所在為忠孝廉節人亦羣焉尊之而意見未融則有為而為者雖卑然
樹立更足為百年之隱痕君子存之純養仔之純故無論安常履順
從容乎行習者為義所適洽即至大難可動天地奇節足炳古今
所震焉未能定者君子與之弟若性命之所固然而一將以無意非
矯情也其素所涵泳然也勢處無可如何之境達權通變君子亦君
身爲天下義者而義之所命絕不在此亦不徇吾止此至情至性

行乎天懷之間迨乎者〻論然後依違者周濟而君子之較
然不數義為無憾也此豈他端所得窺也哉誠至莫可名言之候
窮神達化君子亦若有不克自喻者而喻之在義不能言傳亦不求
意鮮一如飲食寤寐相忘于思慮之表造至於成名立然後知強之
者雖淺而君子之澹然無營于義為入神也此豈他人所得擬也哉
被夫飾廉隅之迹市道誼之聲則古一鄉先儒方撤〻其人非不足
而隱微之內寵首不可問蓋則以義為利者也小人之尤也君羞補
惜也

君子無所爭 而飲

冷邑尊觀風 超等一名 柯雨官

德至則此不爭，於射遠形其讓焉。夫爭與讓反，君子無之，為觀於射，而居然揖讓意乎。且後諸
之習儒者不免，誠以其故生於心而亦恒伏於境也。頗心無所競境，不必其無所競，而以恬然之心
（全題在握，氣味淵懿）
處紛紛之境，自有雍容不迫於著於往來酬酢之間，則入世無競心，並相忘於競境也。已令夫
人人相與，莫貴以然讓，莫病於相矜，非以爭端宜息哉。一自古道不復，揖讓周旋，弗閑忠信，
（神韻盎然）
動容頓笑，斷起兵戎，蓋上人之念萌而退讓之風邈矣。夫豈所語於君子。一世途本坦而人心之私
（題頭處）
君子之立心也坦，斯氣類共飲其太和。宇宙本靜，而已見多乘，君子之持己以靜，故襟期務款
（玲瓏，接段起法，度純乎先民）
乎古處。其無爭也，誠欲求其所而無之也。且夫爭與讓相反，無爭則為讓矣，頗讓難而言讓

於易爭之地則尤難。雖君子而本諸身也，性定而情與俱融，稟受既純而學問又足以化之，氣
心者高分明
以功矜勿以能炫，規風儆於固，移此履和而重讓，尊而光之素。及其接於物也，意渾而迹與俱泯，
無事相安，即有予奪不足擾之，蹤皆自釋，矜皆自平，德讓蓄之而莫非恭，此於禮節洽於人心之
觀，則試亦君子于射。夫射有升有下有飲，人情兩不相下，而未之素焉則亦決焉已耳。若一德
一趨勝負不能無意，是爭緣所易開也。乃堂上堂下為揖也屢，則為讓也亦屢，何其退然若
有此一證便覺蘊藉不露
而勝負武備而不忘文事之容，此射義之所以通於義也。人情互形相勝，而閒異俯焉亦過而返
忘耳。若較短角長，當境不能一視，是爭機所由啓也。乃內正外直，揖以行讓，寔讓以止爭，何
揚　補筆周匝
抑彼自下手鬪力而無非道德之端，此射禮之所以同聘禮也。夫由升而下而飲，揖讓以

君子義以為上

惟義是上勇非所論也夫義固事之權衡君子之所上在此豈徒尚勇乎哉且夫人以身入世而確乎不拔者惟恃此義而已矣蓋天下氣之所在理足以制之是以有德之人不敢逞其氣而必憑乎理焉夫理固超乎氣之表而曼乎莫之與京也由問君子尚勇由亦知君子之所上乎性情者天下感觸之資而君子之性情尚獨正故激烈之氣有所不行而權衡之宰胥歸有要才智者生人應用之本而君子之才智不自欺故壯往之鋒不虞偏勝而化裁之用自見咸宜有義在君子則以為上焉自乾坤下毀物則民彝

範圍莫外以闡此義也第恐徒任血氣之強而當然之義反抑而（易極是）
不伸欲以為上焉得乎君子之集義也熟綱常名教之地屏為念
以相深得失求寸心一知而身世無兩全之策一事合義而事事
亦無不合義蓋惟此義為能常伸于萬物之上也已自古今不敝（恰是上字）
聖作明述變通盡利以範此義也第恐徒挾剛方之概而不易之
義遂阻而不行欲以為上也難矣君子之精義也久是非可否之
間研一心以相入事無不可以告人而理則惟其所獨解念念合
義而一念絕無不合義蓋惟此義為能撓乎物之不得逾也已以
義為質君子知之矣惟質之孔固故上之撫加舉天下萬有之

物矣之與易而何有於矯激之爲也況乎理直氣壯哉何嘗不足

以生勇而徒勇安可自雄惟義是喻君子審之矣其喻之已深哉

上之獨至任舉宇宙至美之珍莫之能尚而何有於意氣之私也

況乎配義與道義亦何嘗不有賴于勇而徒勇總非可貴由亦惟

於義尚之而已矣

步步緊對勇字講洵為得旨

雅韵明流
雅秩書之
雅韻

君子篤於親

親之必宜篤也君子先敦其本矣夫親不獨君子有也而君子以篤倡之可不謂得親親之道歟具哉以親九族載于虞書周道親親為令範蓋開國承家以來曠不當竟體此意哉惟是宗支漸遠一二又民不能和協其譜此本支百世仰我用是有念君子知矣從來源末本之下別乎疏而曰親則派衍天潢而繫之以姓綴之以食何至有強幹弱枝之説從茲上統下之間引而近之為親則仰託君家而有文相擬有恩相愛即以保祖德宗功之情若是乎君子之于親也其可不篤乎雖其分氣則自同念系上而

伯叔下而子弟，寧至惘恍之事特恐學生齒遠以小忿而廢懿
親則不篤實甚君子若□纂代常存之，昭若者為昭若者為穆
獨不思葛藟本根乎，所以常則為葛藟與樂，變則為棠棣與憂務
使葛有刑，乃親在叔伯，葛藟有趾，而親在子孫，圖氣聯枝無相害也
夫亦盡立愛惟親之心，斯已耳。派雖分也，而源則自一，念亦誼屬
宗室情關休戚，寧至恩義之多乖，特震禍家庭以乾餱而失
德則不篤實其君，若曰嘗先人恩勤之意，勤非乙姓，親非公族
獨不思□本諸乎，所以無事而燕飲，則[illegible]有事而[illegible]其
毋使兮勿反也，親以壞[illegible]戈[illegible]也，[illegible]祖[illegible]宗易求相

者。今亦可進矣。則今〻進者。後亦可止矣。（而節之進）若不必慮其止者
下進亦豈有盡哉。從乎未進以觀。則今之進者為進。從乎益壯
則今之進者或消焉止矣。而茲之進。若益不窮乎進者。曷故。則
一進也。慮之者不及料也。勉之者不及助也。阻之者不能奪也。吾在
故也。

進

君子篤於親 一節

丙辰会試

潘汝誠

君子以仁厚為天下先而民之應也神矣夫愛維親人維舊此自君子事耳而民以立應焉然則仁厚之風固操之上哉嘗思化之行也自近而物之動也以誠至性至情之地上下皆得而相浹者也惟上之人不敢以涼德先天下斯所以風衆庶而起教化者其至和醸於無形而順氣遂成於有象是在君子矣今夫獨行化於（別開戶牖）閨內而孝弟之心油然以生盛德薰於鄉鄰而澆薄之行閭衖自泯矣君子之身為民上者哉且夫事固有絕無與於民而寔操人心風俗之原者親與故舊是也家孝治而錫類首重展親天子之

軼雲雨於太平

西京風骨

瓜綿棣韡即野人之木本水源而動以一人者往々一邑笑而傳諸逖聽登明堂而酬庸莫先求舊大君之帶山礪河即小民之娛賓速舅而感以類者往々一存問而有為風聲清如君子而篤於親焉夫天性間於勢分而臭味遂形其差池親之弛也聞樂拊心臨觴歎息毋亦使人謂情實未摯乎乃民也見夫君子之親無失親自寢門問豎以還雍々乎直與諸父伯兄幼子童孫相歌嘐於一堂也思誰非家人父子也者而獨嗟踐履於牛羊也哉其興仁也葛藟本根之念亦吾儕所為鬱勃難禁爾一旦也於故舊而不遺焉夫猜忌積於隱微而功宗莫保其終始[illegible]之間也臣追昔款主挾令

情（約）毋亦使人謂恩實少替乎乃民也也夫君子之以無失故自是府書勳以來惓惓焉猶且享乃祖父宥及子孫答成勞於罔斁也念誰無布衣昆弟也者而獨怨棄予於風爾也哉其不偷也行野（晉紙都偏檀香氣）采菖之識亦吾儕所為積習知返爾蓋樂正司徒明廷非無董勸一旦沁以一人之真意而誼美恩明歆獻者輒與身受而並深其（機不虛發中必飲羽）感則機立應也孝友睦婣草野非無寤寐一旦浹於至德之神明而停澆激薄醞釀者若偕一世而胥飲以醇則趣彌永也然則名法之朝積而成忍忠厚之洽積而成和理固然乎要其始也刻深（欲入日月天與地偕）之象先見於宮廷而民氣中之豈弟之思常周於倫紀而民心亦

應之人心風俗之原端自君子矣豈不諒哉

精曜華矚俯仰如神窈窕繁華更盛迭貴西京當麗踩躪其十

一三文體故逼真也

君子篤於　一節　儲欣

仁厚自君子始民所以率也夫篤親仁也故舊不遺厚也而民猶弗率乎是在君子矣嘗考自古所以久安而長治者未有不于人心風俗加之意焉固非一切治具之所能致也一代教本茂寔之規自上反下為上者設誠于内而致行之則歸民孔易矣今夫人心歸仁風俗從厚治至咲尚矣愚賤何知道德而每念必及父兄則藝黍牽車即仁心所自形也田間豈曉禮文而華處不忘洽比則觴酒豆肉亦偷風所為息也是豈非長民者所汲汲求哉而吾謂其不當求之民也亦惟君子是視而已君子不有親耶別乎殊

而曰親本天之理也天事難副君子必加篤焉以情不以文而情
至者文亦至在君子殊不自知耳一自斯民觀之以為春秋入廟
胡若是其懍以俟也念父母也覲享方來胡若是其歆以寫哀戚
兄弟也甚矣君子仁也油然感則勃然興矣君子不有故舊耶別
于新而曰故舊遡始之辭也始事易忘君子獨不遺焉惟寔不憚
名而寔全者名斯全在君子習為故常耳一自斯民聞之以為重
盟府之藏也爰及菑畬不然何以賞從渥而罰從讓也抑急罷棄
之好也儐爾豆籩不然何以有則酬而無則酗也甚矣君子學也
慕乎此則絕乎彼矣是蓋理之異者不能相強也天德仁而民生

學故止俟君上之動之而遂以不令而行勢之齊者不能相從也爾之教而民胥傚故一操仁厚以先之而自可相觀而化夫孝弟之人可與事上而敦讓之俗難與為非是以掌薄從忠而周過眉秉禮守義而曾後風衰俗人心使然也躬為君子而不加意于人心風俗或骨肉相殘舊勳罔念無以風衆庶而起教化亦獨何哉亦獨何哉

詞之雅非點附所能卒办平日于經史之中擇其精液分入神采鮮潔声調和逸比講貫服習引伸推類纖濁之文不擾手目奔放之文不入于耳養之既久之款寄於皆經閣恬適而後向

向訖釋指變化從心驅使遣當其權不有逢源之樂矣
謨篇立意皆有體局同選十八幅中[illegible][illegible]
九天閶闔開來冠千家

君子懷德　二句

江南蘇府吳縣師科　楊喬
試溧陽三名

存理者勿懷居而溺情者必棄德矣蓋德者天理自然之安也彼懷土者何足以知此此君子小人之所由辨與今夫人之生也有所以為心之宅者即有所以為身之宅者而宅心之與宅身每不能以兼營而並進故意念各有所篤而人品于以分焉所謂宅者何德是也命之于天率之于性非如後起之緣隨時地以轉移斯亦人之所宜篤念者矣若夫宅身者何土是也境不可常遇不可必非如秉彝之好可據之以為安斯亦人之所宜忘者以為心者則惟君子靜與守也動……以為生人

兒而無敢或曠者推此志也心亦可不文樂也而心
逸日休于土何計焉乃小人則懷土矣既戀于中復引于外矣遽
是庇直視為天下之廣居而莫之能尚者推此志也雖處仁亦不
足以喻其耳也而晏安鴆毒遂自荒其德矣故當其始也而人方
不勝顧望之殷懷德者皇皇焉若失其所居而懷土者亦汲汲焉
若求其固有夙夜圖維各殫其心力而不容以自寬及其繼也兩
人復不勝意外之慮懷德者惴惴焉若恐其見異而思遷而懷土
者亦兢兢焉若恐其不得而復失寤寐旁皇各極其憂勤而不能
以暫釋雖君子非無豫順之境然涉而不滯過而不留而素位而

行蓋以徵其所性之定即小人亦竊好德名然陽與之合陰與之離而稱仁誦義適以濟其自便之私君子小人其用心不同如此而豈但已哉

君使臣以禮　二句

吳韓起青□

聖人明事使之經其各盡者無以易也益不盡其所固然而欲相須
以有成其道無由是故君禮而臣忠斷斷如也告定公曰從來天變
人國必使其君若臣相輸于一禮之中而絕不見有黽勉從事之迹
是故歆而慶之若同于上下交歡者之所爲勞而答之直處于上下
交盡者然後可也夫君臣名也事使分也名也以寔定焉而人拘焉
其名循其名不既其寔矣分焉而義屬焉而人拘束於分束於分不
篤於義矣今如之何何乃後臣則惟禮古都天子有道問深宮燕饗以
迄于班朝涖官莫不有溫文無斁者隆重其學問之事禮不獨爲使

臣設也而使臣以之山川土田豈有愛焉而必曰進吾臣以禮惟謹
妙在無一義不備
簠簋豈有諱焉而必曰退吾臣以禮此無論累朝培植以來士大夫
可尊而不可褻可殺而不可辱即自為君詐禮則[illegible]〻則聖傳之〻祖
宗無愧夫秉禮之國而與一強悍難鄰亦有惟禮可以已之者此〻
君道之當然者也又如之何而事君則惟忠〻古者鄉士無邪自草
野東修以迄于委贄策名莫不有切實而不誣者推明其心性之業
忠不獨為事君設也而事君以之綴衣虎賁雖卑無怨而必曰靖爾
位以忠公孤輔弼易怙作修而必曰拜自獻以忠此無論高曾食德
以報聖天子可尊而不可慢可質而不可欺即自為臣詐忠則諫〻

則正報之父母既無負乎誨忠之恩而萬一忌謗不集亦有惟忠可
以釋之者此則臣職之當然也朝廷非市恩之地而安為固然者莫
不各有所不敢是故肅穆相與而奕世猶彰喜起之風上下無責報
之心而出于誠然者莫不各有所不忍是故一德攸彰而率土共享
太平之樂君與諸臣共盡焉其可乎

浩氣流行極沉鬱頓挫之妙杜少陵戶外天門二作視諸家應制
辭何如景人

君使臣以禮

君使臣以禮 黃佑

定事使之經而君臣之極立矣蓋禮與忠君若臣所宜自盡者也事使以此豈非不易之

經哉告定公者謂位莫尊于君而分莫卑于臣位尊則承以旨者惟其所命分卑則疏遠

者莫以自達上以帝天自處下以文德相承甚非使臣事君之道矣以臣言之君之使臣

其勢也然有惟我所使之意而每亦褻矣臨治之餘所貴持其大體焉臣之事君其誼也

上猶乎當事之文而謂亦薄矣請獻之下所貴將以小心焉夫大體者何則以禮是

已小心者何則以忠是已且夫禮與忠之為用亦大矣自古哲后精究乎秩序之原軌物

範身制度以齊民俗乎有品而有節矣而極之班朝治官常有其飾傳之懷而體統

肅亦越良位立本于誦讀之年統一以居心真誠以接物兢兢乎不二而不一矣其繼

粹禍登朝乃克矢精白之志而道德是故使之者雖詞也而以禮則其貴發僕身

其爵位尚無亦辱之加而分孤無論也豈圖報我益遺者理之範圍禮亦接以

敬以禮而相安于和夫亦慎于大理之不可違者而已矣事之者乎也以忠親

深宮宥密爲地雖遥必無不竭之慮而大廷無論也豈曰能哉哉……所言達也以心

而智勇自出以忠而寵辱皆忘矣夫亦肅將夫忠中之所不容已者而已矣何一知養廉取

于落澤乃以勵風俗故酒醴筵簋盛世不以爲恩而以行其優崇之意顛縱獨乃以矜泥油

旂常鐘鼓𥙊臣不以爲念而獨存其篤棐之忱君臣各當自盡之道蓋如此

君臣使事定以禮忠二字夫子語意原說得渾然天崇諸公文字把不說着

快畢竟太近羽聲作者以深意發高文筆筆藏鋒乃如綿裏針也

其人存則其政舉

王鏊

惟有前代之君臣、必舉前代之政事、蓋政事待人而後行也、苟文武之君臣存矣、則其政事豈有不舉者哉、昔子思引聖人告哀公之意若曰、政自文武而脩、亦自文武而作、誠使上為宣哲維人。有文之君。無競維烈。有武之后。則文武其君矣。下為篤棐不怠。有周之臣同心匡。　有召之輔。則文武其臣矣。欲為君盡君道。而元首之維明。欲為臣盡臣道。而股肱之維良。於以慶明良。於有為之時。於以幸際遇於同朝之日。夫既有其人矣。則豈無其政乎。是故佑啓后人。丕顯之文謨尚在。貽厥孫謀。丕承之武烈猶存。發政施仁。昔行於江漢之閒也今則三綱以復而我魯其東周矣體國經野者行於豐鎬之會也今則王靈以振而黍離爲正雅矣內而家外而國以齊以治熙熙乎有周之淳風也其政寧有不舉者乎近而朝廷遠而天下以正以平皡皡乎有周之善俗也其政豈有不舉者乎是知不難于文武之政而難于文武之人人存而政舉也必矣孰謂有是人而無是政哉

凡題必有反面作文每用正反相形而是題反面在下作文只合正講文勢易于直瀉有此文未嘗不知是題直起然上下兩截各還實位中間關筍文極明析而勢極紆徐得力在兩其字確有根據前從人存逆出政舉後從政舉歸人存就正面做而反面亦自隱然言下矣

其事則齊　其義

有事有文而義不彰，聖人嚴以別之焉。夫事與文，春秋之所由來，而義尚未之明也，何關王跡哉？孔子嚴別之曰：事與文，而春秋于是乎成矣。若曰：自今日而觀春秋，二百餘年之間，大約歸于述王道、述王事而已矣。若官筆削未然之先而論，則亦會盟征伐相尋無已，而一二執筒之臣，率以意見為附會，孰從而與聞大義？彰哉，則亦異矣。孔子之功之大于春秋也，蓋春秋與梼杌並傳，其時止記事甚[illegible]書事而事為何事乎？夫五伯惟桓文為最，其時惟桓文之事為最多，春秋之事不一，大約其事則齊桓晉文，而事之見于紀載之初者，為何如事乎？列國之文雖富而越[illegible]若之文，魯史之書春秋，無魯論之文，不足以乎贊人右[illegible]，一稽其文則[illegible]事為[illegible]又而事未必正，而啟乎史而又未必核[illegible]何也[illegible]有句亦為私[illegible]已而亦為

邪柱下之筆何嘗異其誅其精而演其理但畧也素字之機其事有功而亦
有過可議而亡身踐據藉而稽何無義之與嘗知義何者無厲乎刺也哉孔子
生乎其時若布而無其所之意既而何以予奪之刑賞一時之極又不敢以其之非
好惡狗近矣之口惟記之篇定以示後武于天下萬世以明其間有義之在孔子知性
孔子言之若以大雅深微之際當不容一日無此義而廣錄此與當時屢言之
俱形則有曰其義孔子知之孔子言之而深惧之若以採風不行而後世不容一人昧此
義而别嫌明微昭推崇之于而並儕則有曰其義以照一王之大法此義也以垂萬世
矣心此義也乎以繼詩而採王迹此義也有孔子曰其義大别乎其事與其文矣而不
離乎其事與其文矣則其竊取何待述孔夫有功乎春秋哉

其然

許開泰

行有其蹤嘗著南聞之而若訝焉夫時言樂笑義取不易然也其然云者不遽信而若訝之詞耳今夫稱人者而能適如乎其人則稱之者不為過情而聞之者亦深為可信乃有聞言之頃不禁動我以徬徨者如子之於夫子是已時言樂笑義取子謂夫子然也予初不知夫子有然也自子言之而夫子真有然也在夫子亦不自知其能然也自子言之而夫子殆有能然也子大夫而果有然宜乎先有人稱之矣乃何以人未稱之而子獨津津道之子大夫而信能然宜乎吾早已聞之矣乃何以吾未聞之而子獨娓娓言之

天下詣非其極至者雖不言其然而人亦信其然若言焉而以時
笑焉而以樂取焉而以義此非大賢以下之所能然者也而子大
夫一〻出之則有然天下道不臻神化者言者以為然信者無不
以為然若非時則不言非樂則不笑非義則不取是又思非慮勉
強之所能然者也而子大夫無不得其宜則有然不情之論子大
夫幾為人所誤今得取証於子而子大夫之情見矣然即子言思
之而子之所謂為然者吾甫聞之不覺惝怳焉為之一驚也絕物
之說吾幾言聽夫告者今得考究於子而吾前此之惑解矣然就
子言思之而子之所謂為然者吾始聆之不禁徘徊焉為之一疑

也疑焉則不然遽信乎大夫之然也驚焉則不得不訝乎大夫之然也其然

其字指夫子然字指時言樂笑取不屬意字看乃是得嘉實相生之妙。夫子不遽信夫子之然者亦是總得請夫子之變也故反說定其然遂下兩其字於其字須指夫子說若以其然解作果然後殊卻其字面目。人都錯認其字為當時字為探兩然其然兩字連讀之於其字指當人則其字不妨斷讀其字讀斷則不至混兩字為一字下定其然乎之字略斷其字方穩出此字者悟得連綿白文法則題趣不豁矣

嘗過齋

武王不泄邇

有易泄而不泄者，周王之存心慎矣。夫邇者人之所易泄也，乃武王獨不泄之，非存心之慎者曷克臻此。今夫人主操權治化，往往謂大節必謹，細行可輕，此其用心誠有所未至也。惟慎其用心者，即人情易忽之地，而不敢存或忽之念，則德盛仁至，其憂勤之隱，歷數千載而如見也。如繼舜禹湯文之後者，非武王乎？思自孟津大會以來，其所為皆盛大之功，何論寸區區小節也，不知自聖人視之，一事之或苟，即以貽四海之憂，又何可忽忽視之歟。抑自牧野誓師以後，其所為皆創建之事，又何與于斤斤細故也，不知自昔王視之，一時之或疏，即以致千百年之慮，何可以忽畧之歟。是可觀武王不泄邇之

心也夫遁之為言其人則甚親也其事則甚易也而存心未至者往
往遁斯玩玩斯忽忽則不知其泄而泄者多矣乃武王獨以不泄之心
存憂勤之念雖甚微之事而尤無失其精勤之意斯其存心抑何至
歟抑遁之為言其地則几席也其時則旦夕也而操心未篤者往往
遁斯狎狎斯易易則不覺其泄而泄者多矣乃武王以不泄之念存惕
厲之懷雖日前之頃而猶不敢有怠荒之思斯其操心抑何篤歟是
武王于此兢兢乎有人心道心之防焉帝王之學莫大乎主敬者人
主敬之學本自甚微然以為甚微而泄之而其失遂愈顯而不可挽
矣武王不爾也戶牖之必箴刀劍之必銘雖謹小慎微之主時或能
之而蓋有當於執競之烈也哉抑武王于此秪秪乎有惟危惟微之戒

焉帝王~~未舉其大乎~~存誠~~未備存哉~~之功原為至小然以為至小而泄之而其失遂已大而不可救矣武王不然也虎賁之必擇綴衣之必嚴銳命肅揚謹之君時或惧之而豈[illegible]其有容之意也哉合觀不忘遠洵哉德之盛仁之至也此武之所以繼舜禹湯文而存幾希之統也

推勘入微說得精細而筆致亦復悠

楊元禮

武王曰

沈德潛

以周王繼古帝誓言有可考也夫武之視舜治道不同矣記之繼武於舜五人之後非以其言可考耶嘗觀之有五臣也命伯揆有辭命教養有辭命作虞作士有辭而後世論舜之得人尚不公又謂其十以為証意者考古帝王惟論是其世知其人以志古今升降之故而語言訓誥可略而弗考乎而不盡然也嘗繙之而為繼大禹承帝運之終而七年之舊相於五人為僅存焉故仍舊亦有誓而繼都俞之後者義不及乎禹謨讓反為征古湯開王運之始變而一統之際御於五人數不敢以故格無亦有言而踵師濟之後者事無關于湯誥

則可與舜並提而論者其惟武王乎夫武之遇視舜爲難耳假令武所值者亦平成之世則文德誕敷且不難垂拱於臣隣岳之上而王不必以武稱所事者非淫暴之君則專征世伯亦不過并列於微箕干鬲之班而武何由以以上著乎自獨夫肆虐　武惟揚孟津一會至且動八百矣遐思輯瑞之廷武必有懷慙於後世口實者而當日猶師而誓其何說而離黎老而播棄矣商之罪可勝言哉之養士具恩亦未盡忘也試觀殷祚欲終而初伊有將王之告父師懷於節之忠即至廉來之黨惡亦實有致意于紂而非武所能服者是皆武王對之而惶然失所恃者也此何以告之友乎日月之照臨

矣文之仁可勝述哉然十五王之人人於澤亦不盡留也哉觀於和者輯而鬻態之師虢叔括弗祿之痛以至北海之人蹤且有惟知有文而非武所能招者是又武念之而瞿然欲自疑者也北又何以喻諸衆士然而武王正有言矣惟見當日者虎貔之禁旅執銳而待誓言畢會之群侯陳師而觀新令德億兆夷人之衆方翼於西山之之先聲羌髳庸蜀微盧彭濮之人亦側耳於之漢號而武王且左右仗鉞右秉旄對茲有衆振振有詞也凡今讀泰誓之篇而於牂

五人之後復得武王之一言

反映十人都從同處起後深地自藏巧法飛去誇耳才而妙用乎

武王曰

許曾裕

誓師而有言紀舜之臣而連及之也夫武之視舜殊矣乃紀其言於舜之後亦曰因舜之有臣而連及之耳嘗考帝治之世司空有命矣后稷司徒有命矣作士作虞有命矣舜于五臣未嘗不諄諄有以詔之也而終不聞其發一言以自白於天下乃若武王則否矣武履王數之終舜居帝曆之盡其事適相同也武以征誅而代商舜以禪受而紹堯其事又各為類也顧舜未嘗自白于天下武則不能自已于言者舜之天下治武之天下猶未治也獨是商辛暴虐之時父師奴矣少師剖矣勝朝之賢佐已剝喪而無餘則取彼僩夫亦可無恃于贅辭況夫孟津大會之日同盟者八百矣同德者三千矣義師之嚮應已士氣之百倍則鼓行而前亦可無煩于誥

戒不知有待言而著者有不待言而著者不待言而著者一言之而愈以
著矣三軍之所共知列邦之所共聞固已莫不心焉數之而我乃以而大
白之則天下之人亦既明知其不爽又復以實其見聞此誕告之所不容
已也宜武王之有言也其待言而著者必言之而始以著矣百僚之所秩
嘗見外廷之所未嘗識寧復有知其若何而我乃從而明告之則天下之
人更知造物之難料而作合之非偶此大誥之所不容沒也宜武王之有言
也將自明其所希有則言之也必矜而重而寔道其所獨隆則出之也寧
大而夸蓋見于武王之言四十八且與五臣等爭烈矣

以不待言而著攝下九人意以必待言而著攝下婦人意下意已奮迅
手于締上卻只是為曰字疏解絕不犯手妙甚 汪武曹評

武王周公　二節

歸有光　二名

聖人之孝所以通於天下者，亦以其能法祖而，蓋祖宗之德未易以克紹也，聖人盡繼述之道，卑不足以孚天下同然之心乎，此其所以爲孝之達也，中庸言道之費及此，蓋謂孝也者，一人之心而亦天下之心也，自夫道不足臻夫極致，化未協于同然，而天下（方見達字之難兩嘆字意亦刻）之異議滋起矣，惟夫武周二聖人者，率循乎庸行之常，而有以極其至，不越乎古人之履，而能獨得其深，極建於上者，非有以干一（只在稱謂上）世之譽，而其理之通者，達之而不悖，譽洽於下者，非有以私一人（播是）之情，而其志之孚者，合之而無閒，夫二聖之德，會通于人心也，久（古文振蕩）

矣。然。人。之。所。以。為。孝。者。一。身。之。事。業。也。聖。人。之。所。以。為。達。孝。者。天。下。之。事。業。也。於其法祖而見之焉。蓋前人之有志。其所蘊藉而未泄者。莫不與其子孫之纘其緒也。茲惟神交冥會於曠世之感。而淵衷之所默運。不。可。以。迹。見。而。可。以。心。會。於是乎闡揚而光大之。使之生於吾之世。而操得為之權。其所展布者。亦不過如是而已。雖其規畫運量之有不同。而精神心術之貫。固已聯而合之。所謂繼序思不忘者也。前人之有事。其所成緒而可稽者。又莫不與其子孫之紹其體也。茲惟欽率修舉於繼世之日。而事功之所廣被。可以心會而亦可以迹求。於是統承而繼守之。使之當於吾之世。

老到

善字越渾越妙

風。遠。

意。反。覆。平。洛。各。得。題。分。

而率其已然之業。其所運用者。不過如此而已。雖其錯綜變化之有不一。而更化宜民之行。固已會而通之。所謂率乃祖攸行者也。夫志而曰善繼。此天下之所同欲得之於親者。於斯而慊矣。事而曰善述。此天下之所同欲以承其親者。於斯而慰矣。武周之孝。豈非通天下者乎。

天下人通謂之孝無有異詞非盡倫盡制之聖安得如此達字依註講方說得包括程與元皆不如　楊維斗

嘉靖中葉之文多尚寬博流爲膚冗惟先生大含元氣細入無間由於元本經術沐浴歐曾非屑屑向時藝中尋出人頭地此

（眉批：離合渾成）

其文之所以超前軼後不獨爲當日中流底柱也　壬己山

謹按明史文苑傳有光九歲能屬文弱冠盡通五經三史諸書
師事同邑名儒魏挍則所以講究理法者精矣故以氣勢行文
於意能盡於題能暢高舉鄉試亞魁爲天下開風氣也厥後章
大力心知其意亦成名家凡應舉者可以興至

古文
鄭子
古氏
舉意

昔□有饋生魚於鄭子產

欲即鄭大夫以明古乎可先述其所饋焉夫饋亦人之常耳有以生魚饋之子產其何以處此乎孟子引之若曰事有至微而猶堪追憶者豈非有合於古聖之心孰謂使余遂遡而不能禁蓋贈遺之末何能比于天倫之重而意義所在有可通于獻納之間則事雖甚微乎已足令人永懷而不置爾如子之以偽喜疑舜也吾且不即舜以明舜試爲之旁引以通之間嘗曠觀溱洧流覽河上見夫邑之故老道鄭國之舊風遡子產之遺澤猶有所稱饋生魚之一事至欲得其饋者之姓名則皆曰未之聞焉蓋事之出自昔者矣昔者四郊亦多壘矣非干戈何以固疆圉則饋子產宜饋之以干戈也昔者民生亦多艱矣非琴何以解民愠

則饋子產者宜饋之以琴也且子產為父母所生必有牛羊以為供奉則昔者之饋殆必有取于牛羊乎抑子產為臣處所係必有倉廩以為養廉則昔者之饋殆必有藉于倉廩乎而何以昔者皆不然惟見其朝在江而暮麗于罶者生魚也奉以盤而達其誠意者饋生魚也佻佻僕從周旋于東里之內往來于大夫之家者饋生魚於鄭子產也意以子產為相家臣必多將以此而調之釜鬵則彈鋏可以無歌矣或以子產之門名賢所聚將以此而納之棘也則嘉賓可以式燕矣若然則饋之以魚可矣胡為乎以生魚哉或有見于子產之以惠存心也能愛民矣其亦能推以及物乎於饋以生魚所以觀其處物之奚若乎是皆未可知也第思生魚至此固已遭大變而果能不失其常乎而也父母孔邇

廬陵筆意

昌黎筆意

出題而要

而頳尾〻以無歌今則已饋於子產必將曰兄弟來式燕且喜矣而

王在在鎬而依蒲可以不告今則已饋於子產必將曰樂爾妻孥以永

今夕矣吾知生魚必謂子產之將殺己也即子產式憫其憂而將有以

全其生之喜吾恐生魚亦應疑子產之僞也而子產則曰豈其食魚必

河之魴遂以其所饋者使校人畜之池吾知未使以前子產不能無鬱

陶之思既使以後校人又不能無忸怩之事矣

將古文以點題而古雅

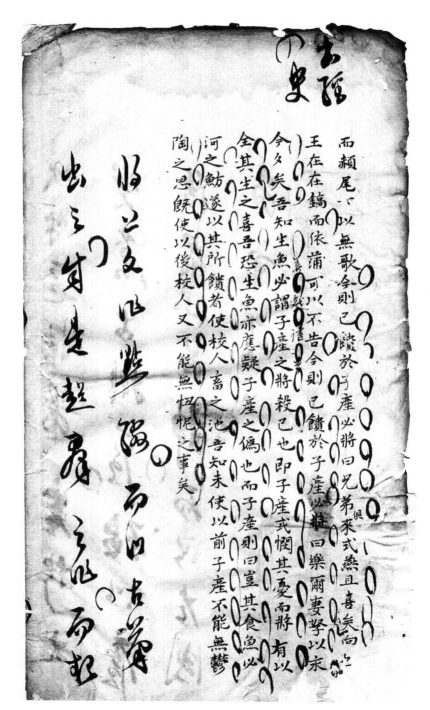

出之以超逸之筆而新

伙呼遠情常寄於尤〇覺蒼古排蕩〇體以麗情肩山為神〇而以左國為骨也〇

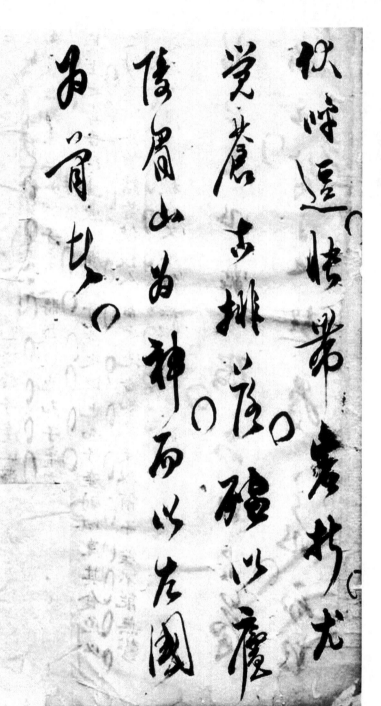

淺提德怨致嫌
夾旨單提報怨又
若來龜蛇呈直落
至老
縱龍高雅

或曰以德　報德　黃厚

報施貴持平，矯之則已過矣。盖報怨祗以直，德乃所以報德也。或欲矯之，謂之何哉。記之大上貴德，此上古之所以無情也。自有情而恩怨之念分，亦有情而報施之事起。情而平之，乃為稱物而平施；情而矯之，不免矯枉而過正。異哉，或人乃欲以德報怨也。彼之心，得毋慨末俗之多搆怨，欲盡希太上之無情乎。此意亦良厚。吾獨惜夫揆之於理而未得其平也。子曰：人情有不泯之良，遂本念而曲與之，狥吾意而強行其是，即此已非三代之公。物理必相需為用，適分者業已有餘，則如分者即為不足。於此且得兩窮之

術雖感恩與積怨即同報而無不異情而情固懸殊施無差等不
原心而論事天下其謂予何論菲薄以從忠即從學亦別一道然
德與怨常並行則報與施之不悖試相提而並論即吾子所謂之
接出以直承到渠成
何夫子所云報怨亦以直也已矣去偏陂阿黨之私而受憎惱是
非之正取舍得舉錯之宜此固直方之大用於無怨者何獨不爾
而業以報論則即此未始非報也以彼悔心無及方惴惴乎不克
自存乃處之以公平而不誣其實則所全者已大也不共戴之義
融会該類諸説
在所必行以有言之慾依然可諒一時報稱之私不外生人好惡
之正而還顧于衆原未嘗預設成心務舒宿憤也刻深寡恩之漸

第五倫際銓選喜問獻駿者之名一

庾斯全私恩而廢公義朱子譏以不取

嘗○深○念○自○我○肇○其○端○也○而○胡○庸○矯○歟○至○若○所○云○以○德○則○因○所○以○報德○者○也○擴○覆○載○生○成○之○量○而○知○己○固○樂○為○栽○成○群○倫○亦○憂○其○顛○覆此亦大德之普被○於無德者何獨不爾○然果於我有德○則於此未免○多○情○也○以彼恩意綢繆○方懇懇乎有加無已○我付之於不問而淡泊相遭○則所負者良多之○所得為者○赴之○以力○竭蹶弗遑○不得為者○矣之○於心○寤思不置○時感激之私○不啻造物因材而篤焉○稱○量○相○與○又○何○嘗○侈○談○高○義○以○勸○德○不遑○乎○曲○意○狥○物○之○私○又○不○至○自○我○而○開○其○隙○也○則○得○其○平○矣○是知天下無理外之情○欲挽澆風○以○古○處○適○足○養○奸○天下亦無情外之理○惟○濟○渾○厚○以○精○明○庶○幾○各○

正。武人可以悟矣。

神理融洽有水流雲在之妙

或曰禘之說　徐基照

十名　徐基照

或問禘之說

聞之乎？於此夫禘，或問其說於夫子者，周魯皆有禘，而周之行禘為甚重禮

矣。或人所以問也。夫禘禮肇自周，備乎我周，僭乎東魯。周之禘，將以而益

彰，魯之禘無說以處此。魯之禘，固賜而行之，是又何說之辭？至於魯禘不足

觀，有心者更不能不進而問周禘矣。嘗觀今之問於禘者，未有反於禘為

人何於人獨能問禘之說乎？意者因夫子之有憾魯禘，以致問周禘，欲求禘

之說，以為禘乎？是禘，我不當問也。顧志夫於有禘，有祫。禘取尊遠，祫取合

祖。禘書禘蓋亦自有說。統言禘則祫在其中，無煩問禘也。又

祫行於禘後 [illegible] 夫子清華之魯 [illegible] 帝之說亦 [illegible] 周

夫子大禘之典僭至不可讓也故可能之而問之於夫子者當時之魯事其故太懷然說夫人禘
則以處文飾之然其近也然報本反始之說亦不易聞也故先王土爲社神后稷穀
稷爲稷神然報功之說也非我其始祖之所自出也若夫禘周之鼻祖所自出者不聞其說
而以之賜魯者魯亦不聞其說而魯其賜且又而魯之爲重禘則禘之說更孰是否
問者乎起於八佾而問禘之非而亦惜無前者於周禘之說以正之爲因於夫子論禮
也而發一言以相資焉然其辭以不問禘之說文而問禘之說也獨是禘之有說
禘之精意難言也今試問當先祖以何以報之則追遠之始之說也試問伯
鯀汜族處所以致焉則夫子之父之說也況帝嚳之德皇問恩文后稷之先高
洪洪然祀郊於卑禮至今有不當祀爲人謨者寧無說乎夫以周禘而問其說則當禘而
禘焉其夫其見而既灌不欲不觀不禘焉其夫又見禘於自有說而問之不可已此數數人疑
問之本意也然以禘未可知矣

或勉強而行之

陳際泰

行道不一有況之愈下者爲夫苟能行也何論勉強則亦何憚勉強乎且天下人之情語之以安佚之事慮無不喜也語之以勉強之事慮無不厭也然而何可一槩也安行既如此矣能安行者有幾乎利行既如此矣能利行者併有幾乎天下之爲行者不皆勉強而資不可以強絕天下之爲勉強者不必皆行而人正不易以相量才與心不相副種種之聖賢之說我欲之矣而非其所勝也力窮于不能赴而若無不赴者非其能爾勉強而行而人不知也夫道豈必皆其身舉而後行歟心與理不相得一切行能之事哉閒

之矣而非其所樂也心格于不欲趨而若丼于趨者非素能然勉強而行而事在人也夫道豈必皆其所忻受而後行歟天下之大豈無資力絕弱者然正以其絕弱也而不敢自同于逸居天下有大柔脆之人天下自有大勞苦之人天下之大豈無資力絕強者然正以絕強也而不肯相安于庸下天下有大頑鈍之人天下自有大堅毅之人然則安利而下豈無遂能行者哉吁行至此而行更難矣而行亦更銳矣蓋勇者矣

將勉強行之四字劃作兩截以中閒一而字還相為宮鈎上截則與上二項殊科注下截則為下一句起案題竅既得而文境

之變動硉兀因之不知其為短頁也
跌法逆撲法反托法後生能于此有得筆底自然日靈動一日

東里子產潤色之一　　張尚瑗

命有善其終者，惟相臣身一人焉。夫終之不善，命猶未全，以潤之之功，子彥所為，一人集數人之成哉。且三代以上，世質民淳，文語簡及，性之不假詞采以為於道，其後學世習，乃修詞學者習于粲爍，性之一言之間，稍有未善，郭必以人議其後而貽差乎簡策。乎是故鄭國之命辭，經數易人已迺更為[illegible]者，亦[illegible]報命矣。而子產曰否，惟君有命，為一二友邦定戎慝之為定同[illegible]使人，謂越在漆滑者，鄙而不可以為訓也，則傷于陋也。且鄭非[illegible]詞於國，敬聞命矣。為數語未工，使人讀赤諸簡牘者，言而未可以為是，則病于俚也。然則潤色之功，蓋不容已乎哉。雖然，子產亦[illegible]

也討而論于造意者或拙于立言也世叔雖賢微引則分各主其長
或不足也且行人能知四國之為或者審其大勢而裁酌之而未免
疎略于言語也潤色之功伊誰之責矯不敏應幾發縱諸大夫後哉
爰是參觀其終始剖析其微未語之不經見者澤之以古訓之語
繁者化之以新依其原本用加典麗彬彬乎質有其文矣況乎本以
博物運以洽聞語之出于詭者摘抉而使之進于醇詞之僞者易以誠
更而遂嫺于雅集其衆長再揚光澤斌斌乎婉而多風矣若斯作之任
家之三子既勤卜繇論色為之冊籍焉而美輪美奐燦燦然一堂構之
輝如有美錦三子已非學製依也進而藻繪焉而山龍黼黻討社
衣裳之色以是布之冊書雖剖意于文詞者無以措其手綜尤傳之例

東里子產潤色之　張尚瑗

國。即國榮于文章者。亦復欽其爾雅。維時子產衎藉手以綴命于寡君也。然則潤色之功。蓋可忽也哉。不然。徵朝壞垣之對。鄭賴之。子產豈不足于詞也哉。奢而始也。不敢以一人廢眾人。繼也復不敢以眾人其委曲詳盡有如是歟。是以知子產之為命。能舍己也。善使人也。貴和衷也。每奔過東里者。咸嘖嘖相臣之產不置云。

東里子產潤色之或問子產

陳先聲

相臣有文章並可以核臣品矣夫潤色者子產之文章也而命成矣或人之問殆欲並核其臣品耶且自東魯有聖人而天下之言文章者必登闕里而問焉天下之言臣品者必過闕里而問焉故有擅文章以成其命者必爲聖人之所許有核臣品以必向聖人以析疑辨惑居闕啓俱不以聖人重哉易言哉章以成其命者則東里子產潤色是也夫產以淹博之才豈不足自成一家言如寓書以告宣子壞垣以對晉侯是也他如戒鄭一龍之鬬而子產不從求禜之言或問四國之災以子產

之請是子産原因非因人成事者也獨至於命則退居焉祇問其辭之陳焉否俚焉否輯焉否擇焉否而惟澤之以潤如玉溫焉而已文之以色如錦之麗焉而已遂藏傳命於往從者而出載命而歸從東至而入或見重于晉之西或見重于楚之東至四十餘年不被兵者子産力也則子産之文章著矣能不為聖人之所許哉爲言乎核臣品以求其徵者則或問子産足也夫或人既知子産之政豈不能獨斷以己意如輿人之歌誦焉與人之議誰殺是也他如裨諶且謀野之才功不在潤色下世叔子羽有討論修飾之核事每居潤色先而或人何以不並論及之也乃於

子產亦不獨因其為命一事將毋並詢其棟何以析否榱何以崩否橑刀者能割否製錦者學待學否而且問東里子產何以不為慈母而為嚴父問東里子產何以不為水弱而為火烈人至子皙叔子南逐而潤色者莫非屬色田疇伍衣冠褚而潤色者莫非嚴色相傳相以君而七穆安百姓寧者子產力也則子產之臣品見矣能不向聖人以析哉自有夫子惠人之定論而東里子產遂因闕里之聖人以傳

對兩句動作塲中所無得此雙峰高峙彌望蒼翠足補晉水矣

求禜、左昭公十九年、鄭大水、龍鬥于時門之外洧淵、國人
禜焉、子產弗許、曰、我鬥、龍不我覿也、龍鬥、我獨何覿焉、禳之
彼其室也、吾無求于龍、龍亦無求於我、乃止也、

灌玉、左昭公十六年、宣子有環、其一在鄭商、宣子謁諸鄭伯、子
產弗與、曰、非官府之守器也、寡君不知、吾子得玉而失諸侯
必不為也、若大國令而共無藝、鄭鄙邑也、亦弗為也、僑若獻玉
不知所成、敢私布之、

東里子產潤色之

七十六名　趙鵬□

閏色有藉，致以一人集眾人之成也。夫命之成，裨諶諸人講之，實子產主之也。於以潤色，鄭重所以有僑人乎。且大臣當國，固不敢徒恃其才，不有恃以辨其才，非以才為膏也。蓋一人之才，不容眾人之才，而乃濟眾人之才；必資眾人之才，而始全。惟一人不敢自恃，而正欲自輔其才，非以眾人之[illegible]善，而一人之才遂以大著。不然，鄭之為命，裨諶諸人既草創討論修飾矣，而論者何以猶[illegible]能自建之[illegible]哉。蓋子產以年[illegible]其[illegible]甚也。我觀鄭有詠子衿，服其辭數，垣有責於侯，執其詞。他如子家之役，獻捷之功，尤足折衝樽俎，則足言足志，允推詞令之才。子產以公族之良，久稱博物。我觀會中觀禮事，守乎小邦，洞淵辨神識，周乎先代。他若董叢之脉，隱桑之神，黃能增坊，雍容則百雅，嫺風無愧文章之選。夫然而潤色之功，舍東里子產莫屬矣。從來命之美備，尚質尤必尚文。潤色有子產，則文質彬彬，焉玉之琢也，溫宜渾錯之劌，煥而彌光，此行者所以觀乎言文也。辭命之書，甚貴，貴而不貴華。潤色有子產，則華實[illegible]，焉貴而之旋也，而恭遜辭之飾也，至采擇宜此和順英華也。命至是盡善矣。雖然，而子產有不敢自恃其才焉，有必欲自輔其才焉。大抵躬居高位，好[illegible]之[illegible]，子產則

東里子產潤色之　趙鵬□

其才者也念自武穆莊繼世以來緇衣致詠惠載居章句文言未見精純何以煒煌照府乎有子產之為命而卷通博盛故草創有人則此之未乾魏為社矣討論有人則潤色未盡亦長矣修飾有人則潤色猶必隨其後矣集思廣益直矜乎策群力之用以答受裁成而十五國之聽聞皆肅大抵用重國政詞章之事多賴之產則統衆人之才而兼彈其才者也念科別程修飾而後綴紡言歡特屬晉楚詞未工富麗何以煜耀鄰封乎有子產之為命而擴摛揚芬更藉一人之潤澤故潤美善乎終將稗湛未能窺其備矣潤色以準乎情將世叔未能協其宜矣潤色詞昭乎將之羽未能煥其光矣踵事增華要必總詞輯詞懌之條以漸臻美善而四十年之兵革不興子產成命之功大哉

事君盡禮　　王材佐

事君有所當盡者，聖人為自表其心焉。蓋禮也者，事君之則也，惟夫子為能盡之，則亦惟夫子自喻之已耳。若曰自古及今，世道即汚有隆，而綱常斷無絕續，則委贄登朝，其不與人以寬假之路也審矣。乃對揚之義千古為昭，而拜獻之誠一心自喻，則此中之翼翼以將者，詎曰求諒于天下哉？亦庶幾隱微之無愧焉已耳。吾思之，士當草茅自命，未云不動色于王庭廷，為夫天顏咫尺，此中無容戲豫以承也。須臾居則凜之，而對命則渝之，所謂請共者安在乎？士當宮廷歆每，不敢經營于利見，為夫天王聖明，此際無容玩褻以廢也。頑心廢則戾之，而升朝則忽之，所謂儼翼者奚存乎？有君也，事之必以禮也。

以我自思亦庶幾盡禮焉云爾人臣夙夜小心其隱衷不可得而白
也所昭然莫掩者惟此終常不易之禮而已試思一拜跪之節登
降之儀其所關亦甚無幾而昔咸攸辨先王之法紀實于是存焉盡
之者何必過多其曲折哉但使俯仰周旋無復留戔微之憾則向以
對明廷者即可以對幽獨以是為臣節之無虧斯已矣人臣旦明自
勵其至性不可得而窺也所赫然共凛者惟此率循罔越之禮而已
試思一晋接之文一趨蹌之度所係亦甚無多而体統攸嚴萬世之
典章即于斯屬焉盡之者豈又故為之縁飾哉但頌書思拜命不至
貽隕越之羞則可以質我后者亦可以質聖賢以是為中心之無疚
斯已矣道德亦足以自高而禮在則不敢不安寸下無他我之視夫

君者重故循夫礼者必度也都俞喜起已不能復見于今時而分誼猶存斷不因世風為升降所以下堂之故事舉世皆已蹈其非而一人必欲從其是庶几天威不遠猶肆然于上天下澤之防功名亦足以自震而礼在則不得不處于卑無他我之戴夫君者尊故守夫礼者必恪也拜手颺言已不能再期于今日而倫常一定必不隨運會為遷流所以守府之空名列邦久已竊其權而吾黨猶得存其統庶幾三代可期猶穆然于君令臣恭之義乃人偏以吾為諂何也

事君盡禮 論也　彭帝時

事君盡禮 論也

彭帝時

以禮爲諂，雖以上交，夫君盡之禮，不可不盡也，乃加之以諂，斯人尚可與事君哉！且禮之所用莫大於朝廷，凡以致敬也，非以致媚也，媚與敬不可同日而語明矣。彼媚爲敬，僅失節於有司，至竊諧敬爲媚，則巧於亂天下之聞，而蔑畢誠不可問矣。之事君者哉！當其小於拜稽，不循舊制，限尺不遵，夫盛在人方油[illegible]便[illegible]爲僭矣。甚於此，禮由其尊竊，紀綱任其張弛，奉人方肆，[illegible]以爲僭[illegible]事君者何不知禮，實甚於[illegible]僭慢，蓋惟盡禮之士，可以潛消而默化[illegible]

[illegible]

盡禮之士亦將無辭以自解於是乎見鞠躬盡瘁此盡道以答惓惓也是陳善閉邪此盡道以為巧言固寵也是對颺拜手此盡道以為直養而踐章節也自論之名一出而共倡彼知盡禮之士其奈之何哉盡禮之私擬近之時相習於面背猶武執廷不容牽之俘反難辭於正直以成其僭越之私君於此豈天降之禮鬱之其許定於此哉功名得失之間相尚於邪能於至君臣不可越之分各種之品以概其後君之意若於當一國之盡禮不知也之其禮宴不到者一言向疑媚君也已不可問往跡知有君也如之人當不知其為君何如也

既一也字合人當許多感懷傳評之意當後此何盡禮後將入論字精神便覺後不醒著眼在人以為三字將懷禮於心勝快出說以後以立案中旋轉兩句一直清遞題面後此用數制最好照旨不獨次第有法而也字精神亦十分透發矣

事楚乎孟子曰是謀 上偏下全題

馮大淵

更籌所以事大者大賢統計其謀焉夫楚亦非可事之國也文公繼事齊而謀此宜孟子統計而還按之乎且國家當孱弱之會欲更籌良策以圖存寧惟是見臣于人之一策乎夫無策固可以圖國乃且易一策而仍與其本志不遠焉則就其策而按之已無所庸其別異之見也已滕間于齊楚而先謀事齊夫尋齊策之下焉者也假令事齊而外別有捍患之奇謀保邦之善策庶可復質諸孟子之前耳何文公又偉以事楚問也今夫楚豈可事之國哉江黃深不祀之憂蓼六抱忽諸之痛其剪滅小邦者類

皆其阻詐之謀非若齊之官授方物無人不懷也而何必事踈

干于田而陳爲縣牽羊于道而鄭爲僕其蚕食鄰封者類皆肆其

狡猾之謀非若齊之五侯九伯寔能征之也而又何必事况乎滕

專事楚而或頓激齊之怒也則既悔所謀之不善滕兼事楚而未

必寔獲楚之庇也又不啻道謀之難也　二排事之楚謀亦何之事

齊之謀哉嗚乎以下正之遺封而耳屈節于南服羞矣比之事齊

而謀愈下矣宜孟子起而對曰君欲安邦奈何而謀若是且夫謀

亦曷可少哉彼夫經國家定上下社稷無不有藉于謀若當危急

存亡之際不耳求庇于人不欲示却于人尤必藉謀以紓其患孰

補法　之意用筆清綿　同看　眉開

謂謀之可少哉。然此皆謀其所當謀耳。若是謀也。寔不可謂之謀。而滕方君方且沾沾然自以為是吾國之謀也。要其謂謀者不過事楚之謀耳。不過事楚而並及于事齊之謀耳。而何容不致審歟。嗟嗟。國勢既處于睽孤。即令再四躊躇。終屬受制于人之策。而壽畫必規其盡善。則夫低徊審度。當思久久可恃之圖。迨觀孟子之對。則知事楚非計。即事齊亦非計矣。

識高筆老迥絕恒流令人一讀一擊節贊筆足此定能奇才

即予楚亦不過是謀眼高于頂但就滕文美來似含事齊之外

只六字策文開講翻過輕輕落到是謀提承事齊策之下焉着

泌謀一折以後逐層翻託較有更不可予中旨說到專予兼
予擬同予有謀之最后後幅宕開謀不可少影取下意收到予
楚与予有則不過是謀耳字之先成言之曲重

題解

事楚不補事齊方好落下是謀謀[illegible]側事楚方見上上任人
事齊文不補側不惟上下部位不清即通體亦不見浮過
環鈎映

事齊乎事楚乎

滕君兩商所事、若欲依夫人之勢矣、夫齊楚固國之大者也、文公兩商所事、殆欲依夫人之勢乎、若曰、凡人之發憤自雄者、必其勢與人埒○力與人敵○而後舉甚大之國○可以無所畏矣○不然○勢孤力弱○乃又不肯籌服事之術○而欲望其國存○豈可得哉○如今日之滕、既間于齊楚己強鄰壓境○不免拊膺而嘆○倘無悉索以供之○勢必至有饕餮之患○兩雄在望○難免鼓躁而嗟○倘無幣帛以厭之○勢必至有侵陵之憂○此寡人今日○不得不籌所事焉○夫吾之畏齊也非一日矣○使吾畏齊○楚亦如吾之畏齊○則、吾、事齊、之志、決矣○乃今者齊雖大○楚亦未嘗小○

則專於事齊烏乎可吾之畏楚也非一日矣使吾畏楚齊亦如吾之畏楚則吾事楚之志決矣乃今者楚雖強齊亦未嘗弱則專於事楚烏乎可將欲並齊而無事之則珠玉皮幣恐難以常繼將欲屏齊楚而不事之則社稷國家恐難以圖存則將以齊為可事而專事齊怨焉而楚兵●起矣而以事齊為寡人罪是寡人欲以事齊者免禍不以事齊者招禍將以楚為可事而專事楚怨焉而齊師●入矣而以事楚者為寡人罪是寡人欲以事楚者保國不及以事楚者十國乎事勢當兩難之會局內之人多紛而局外之人多明況吾子閱歷諸邦保國之謀莫子為審豈今日之事寧不為夫子商乎人情當兩窮之

地。當事者多昧于再圖。而旁觀者獨明于轉計。況吾子周流列國。兩全之策。子宜素畫。豈今日之事。寧不為夫子籌乎。噫。以小事大。智者樂為。事齊乎事楚乎。顧夫子明以教我。

中四比亦見筆力惜前後多蕪雜之詞亟宜去之

來百工則財用足　張江

財用如来絹布帛皆財
則来絹布帛皆用之
有資於民生日用者皆
是不专指金錢宝貝也
故百工有散在民間者有
居於官府者故財用兼
国用民用

來百工則財用足

前大規

張江

國無不足用之財恃有百工通之也盖百工者能制財而成其用者也来百工者則又使財與用相濟于不窮之道者也是故著其故曰足且夫雖刀之末王者不言豈以是細故而遺之哉天生五材民並用之缺其一則上下公私交受其困夫有天下國家之富而常不足以供天下國家之求甚非所以上制國用下通物理中便人情而大隆其取精用宏者之氣象也臣以為其道在来百工百工者與財用相權衡者也今夫財非用不成用非財不生故財大則用自饒用流則財不匱其本在天時地

地理之宜其事在人官物曲之利而其流通變化則操縱于有天下國家者裁成補救之一心是故上古之聖人制器尚象而百工之事與所為順萬物之理以成其材其極至于土苴之褻皆得並效其靈于郊廟朝廷之間而莫之敢廢則知天下無不利用之財也中古之聖人懋遷化居而来百工之效起所為劑萬物之情而通其命其流至于朽蠹之餘有時大叅其權于金幣泉刀之上而莫之與爭則知天下無不阜財之用也且夫財用之所由不足者非靡之于其人則耗之于其事今自王侯以迄臧獲不皆生財之人然無不需用之人而恃此百工之人之數

福建徐宗師歲考 陳嘉誠

侯官一等一名

非曰能之 相焉

能而不居其能亦學于禮樂之地而已夫宗廟會同正能禮樂之地
也赤曰願學曰小相即此謙遜亦若得禮樂之致耳若曰赤承夫子
問幾呈然歎也後不禁憮然思思此生所斯須莫去者何物乎廟朝
之有制也享覲之有文也凡所以表身範而得盡其襄贊者厥與煌哉
正不得謂有志未逮謙而謝之以為無與匡居事矣一禮樂必俟君子求
猶未能而謂亦能之乎人各有能有不能縱懷彬雅固無庸飾所願于
師友之前事有易學不易學周纂雍容亦何妨商所為于居鄉之際雖
然學則必有學之之事學則必有學之之儀學則必有學之之任若欲
義而知尊祖敬宗享祀晏昭不忒抑有事時祫一歲頻舉不為數有事

大祫三載一舉，乃為蹤雜分薦與合食不同，而獻以七闋，其禮同也，惟以六舞，其樂同也。亦于此心焉識之，亦安往而非可見能者，欲讀王藻而稟君天臣，澤會同，尚其有繹者，聯翩一不來庭，則列侯來咨而獻王懷，天子一不時巡，則群辟同軌而覲龍光，雖時會與殷頫殊名，而堂下拜颺，禮無殊也，緣夏雅奏，樂無殊也。亦于此心焉數之，又何一而非可願學者乎。學之而服其命服，義取大端，詎蹈不衷之誚，冠其禮冠，名事章甫，用隆貴首之文，斯時也，行見入廟而僾乎見，愾乎聞者，主婦奉豁也。至于自羊徂牛，誰莫省之，鼐鼎及鼒，誰其潔之，鐘鼓送尸，誰其備之，亦也不才，致在下風，亦云幸矣，豈曰能之，而謂謂是務乎。入朝而存之，雝雍天厥者伯叔甥舅也，至問萋苴，有客時為敦琢之旅，趨蹌有度時鳥紀介之司歌詩報答疇為贊勲之末亦也而之帝嘗大任心游追矣詎云學之而勝任愉快耶雖赤生也晚伏處衡茅明知輝煌鉅典非可以常布而驟與其間念祀事孔明之章徒屬寤思而訴約軟錯綜之什乎顧浩嘆然士郎無能而此意未忘竊願置玉帛鐘鼓之會以共襄夫大雅矧時至今日廟如故恒覺礼樂多乖自難以儒生而匡維其制憶如禘之洲宜空條情于東魯曾思述職之已廢寄好音于西周士有為而懷才未遇何由表所學于文物對嵬之盛而大展其生平亦奚以應人知乳亦抱茲隱願以學于禮樂已矣

典聘中具銑風致罕叁尤極精工此必售之技也 徐學使原評

近文好講声調以為崇雅黜俚然有春華而無秋實一往不返勢將

為室臻者托足狭家。學攜石。徒致飾于衣履服色之間。于外觀則得矣。而入室蕭然。寒儉之態。且將傾影自慚。如此風華典茂之章。正今時之藥石。都亦何嘗無声調。但笙鏞磬管与林籟泉石之韻。微判清濁耳。荆山

非曰　陳

非禮勿聽　周經

無妄聲之入聰德作謀矣夫非禮之聲孰聽之已也勿聽焉而外入者其悉謝矣乎今夫至虛者心也而至虛者亦惟耳但使耳有乘虛而入者心即將憑虛而出是以耳之有間間心之無間也欲杜其出之端必嚴其入之自審是而治心者又不容任耳矣克復之目寧特非禮勿視哉惟聽亦然視以近而聽以遠近者自我而迎亦可自我而拒若遠則何迎而何拒乎與空相會響知結而易凝遊於無朕若依聽者而有不速而來也視主散而聽主收散者自外而萌即可從外而却步矣如其來音一傳而即受奸聲感人轉藉司聽者以為

歸藏之謳也而克復務絶之亦曰非禮勿聽而已萬籟未易鳴也此心之然耳而于聽一啓焉啓之以禮而勝之誦與史之箴與泠泠者且發人深省矣即柰何以規為瑱也如其非禮而以為倭之恣無論飫焉者之將與為溺但令正襟危坐之餘俄有與接為構者遂不覺駐浮響於沖虛則縈聽者實縈心也心則何堪有所縈也一息未吹也與心恬如耳而於聽一宣焉宣之以禮而音之希與風之穆與淵淵者且養人性情矣即何取以纊為充也如其非禮而以為神之酵無論捉之焉者之將與為移第令氣專容寂之時倏有如叩斯鳴者忽不禁緻繁音於隱曲則傾聽者且傾心也心有則何容有所傾也

謂溺音之漸流於導欲增悲而不可已也回也當不至是然而無聲無臭之消息其所領會者微耳將以絕坐馳於靈府而又雜衆竅於塵寰是終不免天人之交戰也無治之以耳而聽之以心豈曰默聰害聰者著所必黜斯有以協乎返聽之神耳謂無稽之必至于亂德文奸而靡有窮也回也又何慮焉然而不聞不諫之精神其所劫忘者深矣將以抱緘默于中藏而又引喧囂于外感是究不免表裏之未融也無聲之於官而聽之于德豈曰洗耳悅耳者在所洗斯有全乎執聽之天耳以無聽攝有聽之宰以有聽還無聽之天制外所以養中也而言動又加恭矣

題之中此有旨人言中此無垂更徹孩化來禮循之有

知天也

君子有知天之功故無疑于鬼神也夫天與鬼神無二理也知天即知鬼神矣君子之質之而無疑也有以哉嘗思從之大原出于天而其自天之人之際鬼神寔寓乎其中而為之宰焉蓋鬼神雖渺々皆不統于天々之道雖大未嘗不統于心吾能全々性命之原即克符乎兩間屈伸之故而無所疑吾于君子之不悖乎天地而即無疑于鬼神者鬼之一闔一闢敷靈于天地之間者鬼神也幽莫幽于此也然一氣之循環不過一元之通複生物之理與體物之理固皆出于不貳而初無幽明彼此之殊一陰一陽以能于天地之間者鬼神也微

莫微乎此也然二氣之代謝不過一理之常貞不測之致與不遺之
故固皆由乎不已而非有顯微難易之別蓋天與鬼神一也曾知天
如君子而猶有質之而疑者乎天命之無形也非不與鬼神之視而
不見者同藏乎於穆然君子戒懼乎不睹又慎察乎所睹而且旁蒐
廣覽於散殊而歸乎一本焉有不通於穆之不者乎而不見君子之
本天以議禮者其秩序一天之經乎而不見君子之本天以制度者
其規矩一天之則乎而不見君子之本天以考文者其點畫一天之
章乎舉一代之經綸變化莫不就無形之天命盡其化裁而豈至與
無形鬼神之無形者相為扞格有浹洽乎一知之中而已矣天載之

無聲也非不與鬼神之聽而不聞者同泯於聲臭然君子恐懼于不
聞又慎察于所聞而且兼聽達聽極殊遊而仰之一致焉有不達聲
臭之表者乎而不見君子之法天以同倫者其則庸即天之秩乎而
不見君子之法天以同軌者其等威即天之象乎而不見君子之法
天以司文者其形聲即天之文乎凡一時之所建非常隨在皆無聲
之天載與為感通而豈至與鬼神之無聲者相為燮陽有融貫于一
知之內而已矣蓋君子之知天于德性也乾惕之至靜與天符鬼神
莫得而窺焉緝熙之密默與天會鬼神亦退而聽焉無思無為之地
無所可質自無所可疑是君子之知人固與鬼神相忘于未有三重

〻之先而君子之知天〻于問學也精思之〻天機忽動鬼神〻亦從而通焉專精之至天心來復鬼神亦環而相焉有歆有為之時有所可質仍無所可疑是君子之知天又與鬼神相安于既有三重之後無疑之〻故明而不悖之故益明矣

知天地之化育

朱元英

即至誠而化育其惟知之者能參之也夫天地自化自育而與至誠共知之亦天地之理之不能自外于誠者耳而至誠豈有心于其間哉且大聖人者人道之盡也顧人道之盡而天地之道亦于是乎備則非天地之能取其事以授之聖人而天地之不能秘其事以自異于聖人也有如天位乎上地位乎下常相對以終古而無

點者意理事人能發明

戒奪倫者是天地之經綸也使天地失其位而萬物之憤奚以保其性于各正有知天之德健地之德順常各抱其獨至而無有遺憾者是天地之大本也使天地虧于德而萬物之多奚以永其命

于無窮然則天地之所以化育者不過一誠無妄而已而至誠固
已知之矣立于此而知彼非知之大也蓋巧曆以推測而聖人以
參兩也夫天與地方無言而化且育于兩間而我以私意度之曰
是殆生者機耶是殆息者機耶雖天地亦云以一二而終不與之
共知此事之權惟聖人盛德之氣塞乎上下而蒸而為和風作而
為其雨則是聖人之氣運合于天地之氣而為此化育者也故其
知為無妄之知也處于兩明而知幽非知之至也蓋卜史以數法
而聖人以心理之也夫天與地方潛運而化且育于宇內而我以
私計策之曰是殆吉者機耶是殆凶者機耶雖天地亦告以端倪

而終不與之共知此中之故惟聖人至道之神周乎太虛而人得而壽仁物得而昌達則是天地之神且默合以聖人之神而為此化育有也故其知非人事之知也化育至奇而聖人以理正之惟正之至則奇者畢效于前而不驚蓋聖人之知之在獨中也至矣揆天地之撰而識化育之本及其陳于兩間已屬名象之粗矣天地雖奇皆自貳于聖人乎化育至變而聖人以常理知之惟常之至則變者日交于前而不懼蓋聖人之知之在性中也久已立天地之極而裕化育之原及其見之行事固為許繼起之數矣天雖變適用以證聖人耳大哉至誠與天地一矣參且贊云者猶形見

也夫。

以新奇筆爲陳腐理道處無陳不能新若無翻新使本來面目

文於淨中整製二字見得真說得出了

知天地之化　二句　任啟運

與天地同其識，同其量，與人同其學也。夫天地之化育，乃大本所從出，而亦大經所由相延也。至誠知之，且並以倚焉。竊謂經綸立本之事，必待參合天道之人，能天之命，以成人以修天，能人之功，以在天而成人以修之。際川之流，其所出，得推測以為知，其後乃與循途而漸進，未嘗躐等于所能，知所不難也，而以所需于知參。苟不識而已矣。故知天人之本，天地之心也，天下之至能之業，物所以然，極之原也，化育之流，以所同之能通其。於正性命，識好惡，其化育之同，以川由是而人求之，其存也為天下之大本，人之共一天地之流于其。蓋以為天下之大經，人之共一天地之同，是以推知天地之化，知其于經綸之事，必由心以窮其所能，庶有以窮天地之始。其于立本也，必知性以會于一，窮深而以識天地之藏，其同歸以竟其知之一道也。至于經綸之事，必先窮理而得其要之心，合性而天下立本，其于立本也，必先盡性而得其要之以立命，而化育之知此同歸以測源，知之又一道也。一者，至誠則知之，化育誠也，至誠之經綸立本，知所誠也。不然，何有其化，至誠之立本，由其所作，天地之交，有其用于誠之，經綸由其用，與天地同……

夫地之所為静而專静而含弟已並蓄之化育之初與天地參隱不天地之所為動而直動亦
惟聖人倫之化育之跡一亦可與天地同用而以經綸為倫常理以相道之微倫尾心以相承
之不得推之而得知之為學者所自止者然而居後知所止仁敬之老者與天地同作而以得之
為倫不惟以其道之原倫者後以道道之細能不得在之不得者之其一物而蓄和之理自出者學
盛而盛而道通之妙自在之一亦可與天地同其作用而此理不化為倫居心其性而知天倫育理存
惟以其命其性出而為下學之其世出而為上達之大任即化育之源而往者化育之源之原其誠之道
夫地之道無倫至誠之道亦無倫而亦誠之德天地之後世倫至誠之後亦無倫者人所為之天
故全其性者如此。

知天地之化育

吳端升

究觀至命之事皆一誠之所通也蓋天地何以有化育天地之誠爲之耳至誠亦惟以誠知之寧有異術哉且天地之所以生人生物惟此誠而已故受天地之誠以生者亦與之相通於無間自人以後起之私恭之而造化之往來氣機之通復始渺乎不相接矣有至誠者出而人心之克盡即爲天道之流行于是至命之能事著焉則試觀之天地之化育人莫不以所習見者爲故天地其習見者也而人卒不敢目之爲故則以化育之趨于新也使化育一息之不新則天地語于西成州又即不可以終古人以不以日變者爲奇天地其日變者已而人又不

聞揞之為奇則以化育之貞乎常也使化育終古而無常則天地終
不能以一念然而知之亦正難矣今試漫然號于人曰吾能知天地
之何以〃又能知天地之何以息則世且以為罪而不知無疑也夫
造物者能造理之所有而不能造理之所無人當幽居平旦之時而
直抉元本
一念清明悠然自見其心即悠然見天地之心況至誠之全體無私
也幽明上下皆一身之所貫通又何闇焉又試俛然告于人曰吾能
知天地之當然又能知天地之所以然則人必以為誕而不知非誕
也夫運行者嘗運于天下之實未嘗運于天下之虛人當功深力久
之餘而一朝有得恍焉悟天地之故即恍焉悟天地與我相見之故

況至誠之自然無偽也屈伸往來皆一氣之所周流又何異焉機祥術數之書止可驗之一時而不盡驗之異世非天地之終不可測也

古今題彙一洗芟破今我無此

不求之吾心之天地而求之氣數之天地化育是以不得而知也迺而思之日用有其機飲食有其理矣兩間雖廣安能外吾坐照也哉元會運世之學止能測之有始而不能測之無始於化育之必不可

伊川云康節知數矣不知也

求也理則無時而窮數則有時而盡化育是以不得而知也靜而悟之旦暮亦其遇千載亦其暫矣大化雖廣何往非其默喻也哉至誠

無窮

至命之能事如此

理極平實語析似奇揺妙于一真

知天也

許汝龍

君子知天之理而無疑有其本矣蓋鬼神者天之至也君子知之又何疑焉且推三重以治天下使徒見其道之成迹而不能見其之之本原則人事之顯猶有不必盡合者而欲無間于幽明不亦難乎惟君子窮理之功既至而至命之道自精則反觀吾身自有其可信者而制作所彰莫不有合于其原也已然諸鬼神而無疑豈無本哉鬼神效靈于天地視天地為已渺矣然其所以能效靈者秉德以成其變化也故至渺而有至顯之原天地宣化于鬼神在鬼神為尤至矣然其所以能宣化者本誠以大其生成也故至虛而有至一之理若此者非天乎天而不知可疑者不在鬼神也天而能知無疑者自在吾心以知天故也天有在于不變者命之所以為靜正也不知則不能得其有定之理而因革損益必有不遷于異議者矣君子之身自為德性以來以吾心之靜與天心之靜而知無不通由是由天以為議而形表有常度經也由天以為制而隆殺有常體也由天以為考而形聲有常用也鬼神雖幽必經

自越于天之理者則知之至而疑自融焉耳天有处于至变者命之流以為流行也
不知則不能得其無定之理而競緣文貌必有戾于時宜者矣君子之身言學問亦
以來以吾心之動見天心之動而知無不貫即是因天以為禮而經曲無常議也同
天以為度而尊卑無常則即以為文而繁簡無物考也鬼神卑遠必無自闢乎
乎天之理者則疑之化而祗益深焉耳人君無事不秉天以示教刑賞同于寒燠喜
怒應乎春秋凡在天之事皆身為事也況三重之大自乎故得天之陰以為鬼得天
之陽以為陽理攝氣數之先則言天而鬼神在其中而地又無論矣此豈僅教法之
文也哉一人主出治敬修無時不本天以自治知能符于易簡性情協于剛柔凡在身
之道皆天道也況三重之顯者乎故資天之始以為生得天之闢以為翕理統清寧
之大則言天而地在其中而鬼神又無論矣此豈屬法證之迹也哉疑則不知故援
鬼神以服衆而其疑滋甚知則不疑故借鬼神以[illegible]志而其知即精君子本身知其
天一矣

○○○知其說者之於天下也　趙若愚

設爲知神之人，即天下無有窮之者矣。夫以神說之微也，而苟其知之，即可以通之天下，知此者豈不難哉。嘗思作者聖也，述者明也。夫雖鉅典難窺，而一二深識之士，未嘗不亟爲望也。則苟其大義畢晰，而後此無窮之理亦遂可以嚮而推也。夫神說之難知也久矣。寧王之肇造也，知其說者也；宋相之允策也，知其說者也；成與康之儀恪而事也，知其說者也。越百年後，誰復有敦本返始，確然深知其說而勿惑者？雖然，莫謂竟無知之者也。今奈義之典猶班然其可採也，而好古之士亦閒出而未絕也。假令　日者明君相纂修舊制，思夫合食既隆，何必以追紀自出也因仲既祔何以必祔之五世也恫乎屬乎此哀耶耿耿如見而確有以知之抑或賢卿士進求故典思夫樂以樂生何以饗親如饗帝楙礼以報始何以率祖且率親也悵乎愴乎此心隱隱如昔而確有以知之知之而恍然于其說而理若不專在一說矣知之而灼然于其說而義又若旁通于衆說矣今天下大矣其群分而處者非若一氣之可以僾擬而通也其或順而或違者又非若宗祝之所能格而公尸之所能享也蓋甚哉天下之難也而吾謂得一如其說者於此研之極之亦既如見而如聞矣彼出其精微之識直將上窮乎天載而遂皇祖而上而況于卿卿哲理之天下且明之察之亦既感生而極微矣彼推其深遠之

重兩上截

情直將上達于敍與之表裏息之餘而況于惚惚觀化之天下則雖不藉神道以設教而由其所知推之無不知何不可之（於字出）此而喻之彼而達也抑無事立國廟以萃渙而由所難知推之所共知何不可之此而格之彼而孚也如斯乎如斯乎斯為知其說者之於天下乎而顧云易知乎

次第而来乃爾清勁紆餘自非名手不辨

知其說者

周人以栗　葉為章

周社之以以所尚也夫尚赤者周也而栗之色赤社之樹以所由與
夏松殷柏異耶對哀公曰社之與也由來舊矣我周之社昔為侯則
猶殷也無何商之孫于辱為周因得以大建壇壝領侯國而亦未嘗
不封植所樹以無忘神依所樹維何周之王也君慈相仁枚肄見乂
毋甘棠美召公以至喬木殺李咏則建國立社豈其不克植嘉樹以
壇光即凡事監諸二代或以夏之松或以殷之柏俾土神獲奠爲寧
有蹈襲前人之迹乃嘗試稽之殊不爾爾蓋神所憑依將在栗矣今
夫栗籩實需則取之婦贄尚則取之而樹于社要豈僅與椅桐榛棗

並觀哉臣想其樹固則十五王之栽培也其根盛則卜世三十之灌
溉也其業沃則卜年七百之蔭庇也世德以潤之績功以碩之祭于
社牲用騂表于社木用栗此周之所以王也而說者謂古者立社各樹
其土之宜則松柏之地其土不肥周都豐鎬壤沃而地腴徂徠之松
新甫之柏周先人豈有遺焉且施于松柏詩嘗咏之其可松可柏有
明徵也況棫樸作人梓材訓弟是種之美亦地之宜者乃受振而所
祿陰至今以栗特聞非其色赤本朝所尚故與雖然我不可不鑑于
有夏亦不可不鑑于有殷松柏後凋凋則堅之勁者而柔矣堅者而
靡矣故周也不苟焉別有樹而獨以夫栗者意必有精焉臣姑妄言

之吾姑妄聽之書曰不用命戮于社一言栗應有不寒而慄者

一入附會便涉惡道且不留下可地步矣歷落蕭疎脩淡高寄曲筆

疎籬看奕棋知會心不在局內也

掩映處都在有意無意閒但覺樹色迷離花陰歷暑儲六雅

濃處都淡密處都疎兼柳歐記序之勝饒又蘇

周公成文武之德

劉子壯

觀德所以成、而聖父又有述之之子矣、夫述文者武也、而成其德者、又有周公爲子聖人、復何憂哉、且一聖人起。則必篤生數聖人爲之子以成之。其作之君者。肇統以集一代之勳。其作之相者。制治以濟兩朝之美。雖聖以繼聖。實子以代子也。文之無憂。豈真武王述之哉。當成王踐祚之日。正周公負扆之年。孺子委裘。而多方未靖。武有所未成。即文有未成也。故列侯之國。而周公獨留。大功既立。而弘文未昭。德之未徧人。即憂之在天也。故義繫叔父。而道專子弟。乃武之所纘者。緒由文王溯而上之於太王。終乎作也。公之

提補訛見守深家法

所成者德由文王下而及之乎武王終乎述也渡河而載主文之
志武其成承之矣而天下未明其德登乎明堂使其德上比於天
焉歟乎太廟使其德上及於祖焉是武王之所未就也以成武者
成文而聖心於是乎大快矣入廟而告功公所成武亦先之矣而
德未徧於天下凡我子孫赫乎無不監觀焉凡茲臣庶慨然如將
見之焉是武王之所未及也以成述者成作而先靈其可以永慰
矣當其時謗之者未嘗無骨肉疑之者未嘗無聖賢而周公不敢
諉也居東者避其迹征東者任其勞若曰我文王之子武王之弟
所不暇以小嫌是介留遺於前寧當其時以父臨之三叔不能害

以身代之二公不必同惟文武爲心也念親恩亦惜國體治王事直如家事若曰予仰惟穆考率時昭考亦唯以祖武是繩迪前光於文子是故文得人心未膺天命武受天命未洽人心而公兼其難則以臣人而擬乎君人實欲使天下戴子孫如其祖父秉德者位父有不遇顯德者才兄有不暇而公當其會則以紹述而統乎叔造實欲使萬世知輔相猶是父兄不然使無周公以爲之子則父德且不光雖聖如文王豈能以無憂哉

鎔經鑄語洗髓伐毛以厲其氣蓬勃以成其響固初學熟然到乃勁敵即此劉

二藝具見一斑然作者已登臨踐兄甚矣前後載共以見有熟之雄偉不可無

刋之以為傳者范垂取材焉可也

周公成文武之德　劉子壯

觀德所以成而聖人有述之之子矣夫述文者武也而成其德者又有周公之子焉復何憂哉且一聖人起則必篤生數聖人為之子以成之其作之君者肇統以集一代之勳其作之相者正始以齊兩朝之美雖聖以繼聖賢子以代子也文之無憂豈直武王述之哉當成王踐祚之日正周公負扆之年孺子委裘而多方未靖武有所未成即文有未成也故列侯之國而周公獨留大功既立而弘文未昭德之未徧人即憂之有在夫也故義繫叔父而道專子弟乃武之所纘者緒由文王溯而上之于太王終乎作也公之所成者德由文

王下而及之乎武王終乎述也渡河而載主文之志武其承之矣而天下未明其德登乎明堂使其德上比于天焉歆乎太廟使其德上及于祖焉是武王之所未就也以成武者成文而聖心于是乎大快矣入廟而告功公所成武亦先之矣而德未徧于天下凡我子孫赫乎無不監觀焉凡爾臣庶愀然如將見之焉是武王之所未及也以成述者成作而先靈其可以永慰矣當其時謗之者未嘗無骨肉疑之者未嘗無聖賢而周公不敢諉也居東者避其跡征東者任其勞若曰我文王之子武王之弟所不暇以小嫌是介留遺憾于前寧當其時以父臨之三叔不能愛以身代之二公不必同惟文武為心也

忠焉能勿誨乎

秦大士

詘以見忠納言者當進原其心焉夫不誨而漫言忠吾爲從而見之也人主惟於進言時一深原焉則臣之心白矣且持重者多危詞赤心人少共語天下事其大較也臣節何獨不然適於此而詭托一緘默之途以爲此中可告無忝而从類於生視成敗之所爲則小臣引嫌不言大臣又潛移默奪自許顧忠者衆而補衮無聞亦自便之術哉若是者吾直以爲未嘗忠焉讀唐虞三代之書自命不應或薄果從田間而來慨然與人以社稷之身則不敢以隱忍者負吾學荷擔爵錫圭之重報稱不得或輕果其立朝堂之中

隱然相與以聖明之治則不敢以雌黙者負吾君盡紹諸心而為忠數為言則曰誨本於是人無愛惜咨嗟之意縱強作局中之語而情以淡而不真況以此舉為同憂共患之務仍不殊事外之身則神以恬而轉恝何也非忠無以有誨而非誨亦何以見忠忠為而欲不誨其將能乎吾有以知若臣之不能也詎不樂聖朝無闕而諫草不傳而誨者不必其在大也宮寢暬御之地人主以為逸豫而老成憂患焉盡慎微謹小其事不遺於夙夜之君故閑邪陳善其事不遺於颺拜之君也伏閣上書之日固有幾幾欲止又幾幾不得自止百折千鍊而卒出於誨之一途者苦口所爭總丹誠

所積歎也有思哭也有懷我后隱々鑒此衷哉豈不識致君有術而尚口已非而誨者不必其在細也陰陽氣數之交同官不聞讜論而相臣詳審焉蓋持盈保泰既以君事迫爲身圖故贊化調元遂不惜以臣心滕諸口說也發言盈廷之會固有幾々欲白又幾幾不獲遽白蚤作夜思而卒歸於誨之一道者肺肝所注即喉舌所流幽有鬼神明有天地小臣黙々有此悰哉然則從事後而爲之爭勢不相及矣故常多危詞以聳之牖戸綢繆於未雨桃蟲亦慮其拚飛磐石苞桑迫而成陰凝冰至則知老臣謀國恒藉數行奏牘以自寫其百年不敝之心然則揣君志而爲之迹患將滋大

矣。故常無耳語以娛之。震聾不阻乎批鱗。亢直何辭夫履尾。悔吝憂虞。激而成藥石疢疾。（今人想見賈生當年）則知正士立朝。不惜痛哭陳書。以力作夫太平天子之頌。在昔保衡奉嗣主以承祧。一德享天。忠義可孚列祖。而桐宮有放。丁寧著太甲三篇。亦學家相輔沖人以蒞祚。七年留洛。忠誠可名風雷。而負扆未遑。從容上豳風。一什皆其忠之不容不致於君者也。然而人主其能進原其心否耶。

似箴似銘。可歌可泣。祇一起便可作殿上虎觀。非唯文中烏獲

明日子路　子路曰　曹仁虎

述所遇而反見者終不能親告以言也夫明日之告子路已心疑為隱者也迨使之反見而情深矣豈以既行而無言哉且吾黨往返道途所遇多隱君子故其人可異則為之述其事其人可怡則為之傳其言乃述高人之事者可以動聖人之心而傳聖人之言者終難入高人之耳亦可慨已如子路遇丈人而有止宿一事也中田邂逅有意殷勤示夕綢繆無端作合之人本可與言者而何以主賓相對竟未出一言以動之也蓋猶未確定為隱者也無何東方既明整衣告別而子路亦取道以去夫子路目中所欲見者

夫子也意中所欲述者丈人也行未幾師弟相遇道疇昔之所志悉子路曰途中詢問其詞甚倨也孔子曰是隱者之詞也子路曰陌上周旋其業甚勤也孔子曰是隱者之業也子路曰田舍留賓几筵揖容其容甚恭也孔子曰是隱者之儀也丈人本可與言者而向以主賓相對竟未出一言以動之也爰使反見之而夫子之心遂托子路之言以傳吾思子路復尋故道念曩之者何事挽之者何辭已于未至時歷歷計之倘聞吾言而輒耕以起廢不虛此一役也孰意丈人早知其有言矣行矣在至者猶欲見所見而來在行者不欲聞所聞而去意子路惟以丈人之行反告孔子可也

然欲告丈人之言又烏能已哉嗟乎豈伊人不見古道蒼茫儀容重來空山寂寞回視衡門無恙朧朧依然猶是初行時之景象也乃知臨岐握手殷殷相送者已不可再得徒以不入耳之言與其家人相告語始悔前此之夜丈人本可與言者而何以主賓相對竟未出一言以動之也彼誠隱者乎而子路則多此一行一反之僕僕矣追言畢而去復行以告又（曲緣）何以慰吾夫子使見之心也

以點以清邈出塵而讀之但覺晴矣澤宕陳彩橫斜此境亦偶然章合于

法此記哉　王開影

唐人畫處原圖烟嵐草木俱帶水氣似此筆蹤墨徑在能品之神逸之間　趙[illegible]三

明日子路　行矣

翁霔霖

述其人者究難引其人、隱士之所以終於隱也、夫子路之行以告、固早識夫人之非常人也、乃子路行而夫人亦行矣、雖有反見之使、不徒想隱者之高風也哉、今夫人之蹤跡至、難定矣、無端而忽合、無端而忽離、此亦不相謀之數、而況用世之與忘世者哉、故必期見聖睽違而有待旦之懷、志在避人、高蹈而作先時之計、苟徒執其境以相觀、幾疑吾黨之僕僕往來者、不如幽人之明決矣、有如雞黍款賓、二子見客、斯時之夫人、固猶是與世周旋之意、而非與人決絕之為也、乃子路則何能久居此哉、素非有握手言歡之雅而客來不速乃忽致爾殷勤此際之高情正難設也倘異時復經斯地而留連道故應不作山河杳渺之嗟志豈眈寤言獨寐之娛而賓至如歸乃偏分其風景此際之寄寓正難安也則永夕而有避之而瞻望吾師時露其斂佩栖皇之氣乃未幾而明日矣子路行矣行之而以其事告夫子而子稱之為隱者也反見之使烏能已哉顧天下有心之引導獨往何妨以獨來亦相左之風期可望豈終於可即蓋失路之餘倉皇之景也猝然告別未遑相贈以一言追品題既定而益覺衣冠狀貌俱留懷葛之高風感彼綢繆之意動吾款曲之情循隴畔以追尋固惟恐之急而足不前也而其

願望為無窮矣而見幾之審果確之操也當日欣留預卜斯人之再到而肥遯自甘必不使車馬風塵重溷田園之物色祇此昏旦之更如有歲時之異向衡門以延佇何忽乎室邇而人則遠也而其高蹤為莫測矣至則已行子路其何以為情哉吾於是而嘆子路之奔走者不憚煩也高人自貞素履造廬豈漫為徃復之頻茲何以行者方行而反者又反乎款洽已通非於身世作無情之想而苟可引以偕來則一夕之盤桓即可卜千秋之遇合至於還情空結遽動我以伊人秋水之思此則其始念不到者耳吾於是而嘆丈人之絕人者為已甚也遊子或念故人待客豈偏有始終之

異乃何以反者旋反而行者早行乎枯槁已成久笑轍環為多事之傳而苟欲投以不合則聞言而形其枘鑿何如先事而致其參商至於請謁已虛並不示人以空谷束芻之處斯則其長往不回者耶蓋觀夫行義之說僅以告其家人而隱者終於隱矣第不識爾時子路之行以告又將何以為情也

筆郁數腴声光并茂

固　　沈祖惠

曲爲伐國者鮮似先震於其固焉夫已則謀人安能禁人之固求首籌及此尚以爲師名乎意謂昔先王封建懿戚山川土田而外益以附庸豈惟令茲小邦無替厥服亦隱爲大國樹之屏翰而資以固吾圉也不意數傳之後無以張國勢而徒以其自爲謀之意如所論顓史者求思之物之相剸以機而機即並藏旨志氣既聚自然於形乎見之而審敵者可周覽而曲得其情工人之相屬以名而名特其寄縱羈縻可恃仍必於實乎覘之而深識者早按圖而悉知其理顓臾何如乎蕞中城中邱吾魯凡有郵集纖悉必書顓臾華以外臣之故

二比擬取固字有俊鶻摩空之勢

見雖固而夫子有所不知

雖日夜繕完而魯不炳宗邦之竟拔邢城衛盟主苟有匡扶小大咸在顓臾又以僻陋之故雖池隍修飭而魯不勞與國之師求自備員私室以來默觀魯國之形勢亦既瞭小指掌矣竊見夫顓臾蓋固甚夫蠭蠆有毒孱弱原未可輕視偪陽累卵綴困諸國之兵鼓邑彈丸

原小說他踰制固害然仍是捕

尚待十旬之克顓臾其或知之矣顓東於周公之宇而制不敢踰陰

風捉影

托於暴客之防而備惟其豫易稱虎視眈眈其有焉又用矛齊師而後於彼疆場之事變亦既熟識機宜矣竊以為顓臾實固甚大負嵎能抗仁暴當未足盡憑鬼方深阻幾勞殷主以三年崇國垣墉竟俟周王之再駕顓臾亦或聞之矣外則於犬牙之入而蠶食為難內懼

於下民之侮而綢繆孔亟詩稱白石鑿鑿其有焉大都耦國亂之本也在巳也則墮之在人也姑聽之乎夫常許之田不復汶陽之土難歸赫赫宗姬魯無自固之術而此蕞爾者偏托龜蒙以自壯大聲勢自非以我為虞曷為是登登而馮馮者與都城百雉之制也附庸之君當大國之卿風姓之裔並三桓之汰乎夫百牢之責頻聞城下之盟屢辱巖巖泰山不得負固以雄而此藐焉者偏因吾敝邑以自樹其藩籬非其志不在小曷為是言言而仡仡者與縱使徼天之福顓臾久為公室臣不敢與公室抗而季氏危矣何也近於費也

偏自激昂作氣悲絕妙 我

典麗工雅之中議論如風發泉湧芒情四溢庾鮑得意之文　黄基於

固　沈祖惠

固將朝也

胡安

揣大賢之初心、亦未嘗不欲朝也、夫孟子豈不欲朝者哉、孟子為之揣其初心、而轉若有所疑矣、若曰人之初心未有不欲君者也而或昔于事後論之往往畧其初心而不之察及追而溯之而其未嘗不欲君者雖其人亦不能自証其初心矣君命召不俟駕則古人之朝也雖始作顧及此者而既辭君命猶必且竭蹶而趨而况夫子之朝也非始願不及此者而入覲于王大欲肅將命起弟思夫子今日之行蹤已不樂邇當時之心曲然而心曲難盡掩也假令夫子而久絕意于趨蹌也哉猶耿耿于旁觀曰彼落落者何昔然耳抑思夫子前日之托辭方且悔拜颺之初願然而初願何可沒也假令夫子而

本意情忖疑阻式循可以自明曰吾仰〻者終如故耳夫孰迫之而
畀馳情于闕下哉設使有人焉當夫子之辭疾而遂而衵詰曰子之
隱衷亦將朝矣于吾知于亦不能不啞然笑曰固也且誰實勸之而
遽失懷于情歟哉又使有人焉知夫子之非疾而從而相詢曰子之
本計亦將朝者乎吾知子必不能曲自諱曰非固也奔走承順之流
徒知有士前而不知有王前是固惟恐不朝者也而何必為之渊其
朝草野倨侮之士方且傲王侯安望其其趨走是又終于不朝者也
又何由而諳其將朝若夫予則欲以仁義與王言者也猶憶盛應縱
戒後車望闕廷而至止者固將稱仁以勸王固將稱義以尊王也夫
予又發陳堯舜之道者也猶憶謹書思揚對命膺庭燎以來前者固

桑田樣審左右之攀春之有事也先王已如此矣

第三十八冊　卷一一四

肫肫其仁淵淵其淵浩浩其天

極形至誠之心皆出之自然者也夫在至誠亦忘乎其仁其淵其天也而由其經綸立本知化想之則其肫肫淵淵浩浩者如此耳且甚哉至誠之能事不可及也出於自然不由思勉有莫可名言其盛者則亦烏從而窺其所以盛哉必欲從而窺之則第想其盡倫之至盡性之深與夫通大造之含弘而莫外焉爾何言乎盡倫之至則於其經綸者是統人倫之不一其間之經權常變亦難悉洽矣苟未必悉洽則不免一意之或拂不免一念之或私愛敬之誠衰而爭戾之患起于仁乎何有而至誠之經綸則由理而生情由情而生文言乎其類之分也各有恩意之周流言乎其類之合也亦極天性之愷惻肫肫乎聖心之經綸非其仁何以至是念有純有雜見其仁而無不純矣意有厚有薄見其仁而無不厚矣一思夫其仁而千古之人倫得不推至誠以立極哉何言乎盡性之深則於其立本者是論禀受之不齊則生人之四端萬善豈易敦守而不移夫一有或

移則離合之迹形偽妄之私起挹之有盡藏探之無餘蘊于淵乎何有而至誠之立本則始而窮源繼而溯流其精微之悉該也浩然不知其畔岸其變化之靡盡也淵然難究其津涯淵淵乎聖心之立本非其淵何以至此物有動有靜至其淵而無不靜矣理有淺有深至其淵而無不深矣一思夫其淵而古今之大本得不推至誠以克殫哉何言乎通大造之含弘而莫外則於其知化者是兩間之蕃變無方其中之盈虛消息安能悉悟其本來與未之能悟則見其偏而不見其全得其顯而莫得其微眛闔闢之原而遺其溥博之體不可謂之同天也而至誠之知化則理全乎太極誠包乎萬象故運行在一心而有以達萬變非形氣得而囿也感通在一時而有以亘今古非事物得而囿也浩浩乎聖心之知化即其天所由見乎人事有遠近至其天而無分于遠近矣人力有異同至其天而悉泯其異同矣一思夫其天而化育之終始得不推至誠以默契哉至誠之盛如此然則知之者誰乎

○○浩浩其天

孰能知之

方桼如

聖人與天合德非達天者不知也蓋知仁者即至誠之大德敦化也不達天而又孰能之而又孰知之嘗謂天者道之原而誠者天之道能其道則造化生心知其能則天真默契而要非天下之至神不足與於斯也如天地之化育是大本之所從本也是大經之所從經也而至誠獨有以知之若是說者以為聰明睿知固天之生是使獨也而非直此也夫自誠以自知而已矣蓋地一天也天地一誠也仁者誠之復育者誠之通一闔一闢極之往来而不窮總此為物不貳之精以為之樞紐故其仁一天也其淵一天也既

肫者即育之顯諸仁淵淵者即化之藏諸用如天配天雖若形容之盡致而原諸繼亦不已之妙則尚屬支離蓋至誠自有其天焉唯有其天而後天叙有典父子君臣即太極中之兩儀與四象而經綸之義學諸雷雲惟有其天而後天命謂性仁義禮智即乾健中之元亨與利貞而立本之能是其敦化浩浩者惡從而知之其知之意唯聰以作謀明以作哲而又収視反聽直達諸無聲無臭之初則其聰明固天聰明也聖無不通知無不知而又極深研幾直達諸何思何慮之始則其聖知固天聖知也茍有其人則已至彼至陰之原矣至彼至陽之原矣呼吸之通既與天而同運而放

而下焉所謂德之與而道之要者孰非塗之所已經苟非其人則博觀其外而駭然矣測乎其中而茫然矣中和之極方日用而不覺知而等而上焉所謂兩故化而一故神者孰能推其所終極溯物與之无妄則其誠既賅而存其天即全而受德亦達德也道亦達道也而廣大精微之蘊豈伊異人當物生之必蒙則唯希天之聖乃能自誠而明仁者見仁焉知者見知焉而綱維主宰之存若為絕德其知之難也亦能之難而已矣此大道也

朱子謂經綸三句從下說上又謂知天地之化育故能立天下之大本然後能經綸天下之大經以其天包其仁其淵爲貼

不歆非獨家題定里也圓勁成就在慶曆間則碧山學士似之

男卓姓侄

肫肫其仁　一節

林豐玉

想至誠之心体而相形其盛焉。蓋其仁其淵其天，至誠之所体也。肫肫淵淵浩浩，乃至誠孰能者果

其盛非公矣，人日遊至誠之宇宙也，至誠之所有者矣，設其義之而偏極其擎也，蓋之而難測其深之

窺之而莫限其量也，夫固有名從其盛者而言往想其功用之表著也乎。詳由經綸立本化育，思之天下

等觀偏私之地，原有是倒偽(?)者，以流通於其際，不是經綸者仁為之文，能經緯者不能使之服從

者不能使之限矣，乃仁乃其所以相為以觀至誠，慈祥內蘊而能藏不形，君得經一番擘畫焉。以故

時值其常而發散充塞一時，於推其至德，時值其變而風雷應注萬世，於修其後，惟肫肫乎自其蘊之至

之出，包攬一仁而微與之合乎，則以為其仁也。大人持患其仁其誠，而其仁則偏之德者，仁以化之可(?)

者以服偏之流者，仁以決之而急(?)者，政紀歸之而備極其擎者，有如一識由之本之天經，冕之天下

名教綱紀之會，原有是精誠不測者，以酬酢之美，要則是立本者淵為之之能經一，有不假經乎(?)

等者之以歸於一是，何淵乃其所以相清也，以觀至誠，至誠乎存而周流之間，君得其一不涸之誠焉。

肫肫其仁　林豐玉

以致寧能不動而參化育之道源之不虛其求詢虛而遂通而流畜之理出焉不患其或窮淵淵乎何其淵深之此豈設一淵焉求其淵之肖乎知以為其淵之大人特患無其淵耳誠者其淵則化一原蓋而命道之原之人皆達合萬為一而無權之歸停蓄靜深與消長之窮淵其淵者有此也安由知化育之德思之天天之圓淵之若廣大無外者以默運乎其間不是知化育者天為之之能性其始以覺識其何以其終之變識其何以修之使天非其所自有也以况至誠經綸立本而立二五遂運左鄰淵一空虛之出焉以故其自無而有而元亨之理即一誠之所為道其有而無而利貞之理即一誠之所為準浩乎何其大也蓋以大之然也聽一天而強其之備乎知以為其天之大人特患無其天耳誠者其天則初之終之理斂為無而靜息者亦性初之始也理翕為有而動生者亦乘之循環之而莫限其變態如此

肫肫其仁

許孚遠

至誠之經綸也可以觀天下之至仁焉蓋修道以仁也而非至誠盡經綸之實何以稱肫肫其仁乎嘗蓋論之一誠之理（起跟誠字）自其顯設于人道之常而萬世不易者爲大經（分得劃然）自其貫徹于倫類之間而渾然同體者爲仁（接肫仁字）仁者人也大經之所以行于天下者也（點語便已）彼其誠有未至不可語仁（透出題旨）仁有未至不可語于經綸惟天下之至誠爲能經綸天下之大經吾于斯而知其肫肫乎一仁矣（肫肫心境落至誠）未有經綸之先一眞無妄之所以立其體（上見仁）追於經綸之際惻怛流行仁之所以裕其施謂夫人之混然（类比跟经字）而處于天地之間不有以別之則亂亂吾不忍

也故經乃所以爲仁不相凌不相侵害生民之類於是乎可與長（潜經字勘出其仁）（理精詞）
久盖舉天下而在聖人涵育之中一謂夫人之紛然而各一其血氣（達而筆流高貴）（此跟倫字）
之性不有以合之則離離吾不忍也故綸乃所以爲仁上下相安（潜倫）
大小各得有生之徒於是乎可與同羣盖舉斯世而在聖人覆幬（字勘出其仁）（實理既到虛神亦出不必猶寫）
之內一有一人之倫即有一人之仁聖人非能分所有以與諸人而（空際）（中比經倫後比又出天下字）
爲之聯屬爲之維持以通天下爲一身者聖心之仁流衍而不息（仁字更透）
也向非至誠則仁之戕賊者衆矣有一世之倫即有一世之仁聖
人非能發所無以行于世而需之匡濟需之曲成以合萬物爲一（疊仁字深至肫）
體者至誠之仁淪洽而無間也苟非至誠則仁之能存者寡矣故（肫二字不可著摹己自露矣）

曰肫ゝ其仁。謂至誠之經綸。即仁。而仁之至也。乃所以爲經綸之盛也。

實詮處靠定句ゝ不離經綸天下之大經題字題義題神俱醒

扈雲公

靠定經綸句推勘精理透闢不作浮游之談亦不蹈空跡之習清鴻凝鍊卓然可塹。近日理題文字類皆貌爲浮大按之都無深味故雖滔ゝ莽ゝ大段滚去實則千百言不敵人一二言也矧求其一二言可當人千百言如敬菴先生此文者哉

肫肫其仁　一節　　鄒世任

擬至誠之心體，可以觀其大德矣。夫其仁、其淵、其天，固至誠之心體也。擬之以肫肫、淵淵、浩浩，其大德之盛為何如耶？若曰：神矣哉，至誠之功用乎！此其心體之所存，有極乎大德之盛者矣。夫以中和位育之事，皆渾而涵於至誠之一心，而各極乎其盛而不可復加，則所謂大德之敦化者，固於是乎在也。今夫論達道所由，修心本諸惻隱之衷，而務去又其之，則夫大經者固以仁為貴也。頤使身有所倚，以從事於倫常之際，而（或）不知出於理之所自然，而或終難矯其性之所不足，是雖勉強力行，以求無心之近仁，而並不克由仁而行也。吾故

庚戌年倚中推敲此來

於至誠經綸之無倚而有以見其仁焉肫肫焉然舉其當合者而合之固深發之莫能自解也即舉其當分者而分之亦至情之所以相維也蓋至誠初非強心以行乎仁而隨至誠念慮之所觸而曠闓其仁也已矣今夫淵淵降衷之本然小德尚未分流于外而衆理自具一源之中則夫大本者固有淵之象也顧使身有所倚以黽勉乎戒懼之功而或不免妄念之忽起而相擠而或不免物誘之忽來而相汩是雖強自矜持以求其心之如淵而止不克與淵爲一也吾故于至誠立本之無倚而有以見其淵焉淵淵焉然之藏於至密而求其津涯之所在而不可窺也積之於至深而以供左右之所取而莫或竭

而流

也。盖至誠初非強心以擬乎淵而隨至誠隱微之所在而周即其淵
也已矣。今夫俯仰覆載之功業而知極治道之無疆撰以成乾元之
為大若是乎天也主乎化育而其大無外也如使身有所倚以進觀
乎天道之深而或不免為見聞之所囿而或不免為形氣之所拘是
雖強探力索以求其心之如天而正恐有外之心不足以合天心也
吾故于至誠知化之無倚而有以見其天焉浩浩然此心自有所謂
資始而流行者而大于其誠之道也此心又有所謂變化而各正者
而大于其誠之復也盖至誠又非強心以則乎天而隨至誠懐來之
所具而周即其天也已矣而豈天下所能知者哉

實說是倚中摘抉出來字字○攧撲不破○讀此文可以瞭然乎其題矣○之說大、經、中處出、、仁○大、本、中處出、、淵○來化、育、中處出、、天、之廣、大來○然後說無倚中處出肫、淵、浩、之妙○惟其胸中如鏡故能六筆如刀○

浩浩其天

蔣拭之

想至誠之知化、其廣大一天也、夫化育者天之事、知、化、育、者、天之心、豈不浩浩乎其廣大乎、今夫論化育者○雖合天地而言之○而主宰於於穆之中○運行於聲臭之表○必終舉而屬之於天○蓋以天知始而地作成○地固天之所統也○而至誠為能知之而無倚焉○是其然以信之者○不潔於見聞○而性量之充周○至廣而莫可限也○靜以承之者○不措於形体○而神明之變化○至大而無可名也○浩浩乎其天乎○淵天於化育之初○不貳者○体之所以立也○至誠亦以不貳者會通乎息微之原○是太虛有天之名○至誠得天之理○理○不違○則名不易○即謂之共有一○

天可也覘天於化育之內不息者用之所以昭也至誠亦以不息者參取乎陰陽之變是造物司天之職至誠盡天之神神無間則職無虧即謂之各有一天可也與四時合其序即自有其四時與日月合其明即自有其日月凡夫靜專動直者以一心統之有餘矣徵寒燠於晳謀即自爲其寒燠驗雨暘於肅乂即自爲其雨暘凡夫富有日新者以一身備之無外矣是故先天者休其心也後天者奉其道也而言乎化育之相通則闡其天之與爲終始初不必以財成輔相者居參贊之功配天者同其體也如天者肖其形也而言乎化育之相契則闡其天之獨爲推行更不必以溥博高明指乎化機之迹物之

共戴乎天○而不能有其天者○拘拘於質也○至誠非迹之可拘○而浩浩者

逡清虛而不可象○人之各具乎天○而不能廓其天者○蔽蔽於私也○至誠

無私之可蔽○而浩浩者乃寥遠而不可窮○然則知化育者○以天而知

天也○知至誠者○非聖人而能知聖人哉○

淵〻其淵　劉輝祖

想立本於其淵、仍以淵淵形之而已、夫立本即其淵也、不以淵形之、而不盡、即以淵形之而猶不盡也、故曰淵〻也、中庸論至誠蓋謂、吾嘗言至誠之淵泉如淵矣、如之云者淵自淵之、非其淵也、今復由至誠之立本思之、大本者萬化之所從出、而支分派別何其動而不窮也、然動而不窮者、而莫非靜之涵也、大本者衆理之所從生、而川流不息、何其顯而可見也、然顯而可見者、而莫非深而息也、此所謂其淵也、淳焉蓄焉、而瀾之不生、此〻瀾之所以不竭也、一理中涵、而象於止水、不象於流水、喜怒哀樂之未發而可以想其淵矣渾焉灝焉而挹之無從此乃所以挹之不盡也一源內徹而不見其有涸亦不見其有溢無聲無臭之一類而可以想其淵矣淵淵乎靜存而有本而萬感不形所為大德之敦化也而萬殊之用皆自其淵出之蓋主夫靜者誠有不得而撓之耳淵淵乎深藏而不露而萬理畢含所謂天命之謂性也而率性之道皆自其淵發之蓋資之深者誠有不得而遏之耳私意起而相汨而大本已浸淫而湮矣烏覩所謂澄泓之自然者耶至誠既欲致和必先致致中而遂獨有其淵而其淵也而淵淵微乎微乎中在是矣物欲起而相撓而大本已潰決而去之烏覩所謂微妙之不測者乎至誠

不求道生務期本立。而遂獨有其淵。其淵也而淵淵。水哉水哉。本在是矣。至誠之參而退藏於密者如此。

天生恰好用着。

以一句盡於通章。

作此題者名流於係果縢王言遠詞意於不徹與而於彰深實

澂不胃其道着若此作之細確而又整白方是形容立本義耳

物交物

金國用

有不異于物者君子甚危其交矣夫蔽于物者亦一物也于斯而有交之者其何以堪令夫人之處世不恃外之不求而恃内之不同于外故我有尊于物之勢即接衆物而有餘我無異于物之材即接一物而可慮獨奈何以我所自處與天下相代其名而莫能辯也如耳目之蔽于物也既蔽于物矣徹得云耳目乎哉以人官而掩于物曲亦其質之無足尚也吾將抑而稱之曰物而勢相與敵自此逆絶于朋儕其亦可矣以聰明而寄于形器亦其質之無能爲也吾將正名名之曰物而力相與抗自此長謝夫紛華是亦足矣而不且有物交

乎不且以物為物乎天下惟不物于物乃能用物使在外者為物焉而在內者非物則散一于萬而不見其多統萬于一而不見其少於自物我自我也而烏乎處抑天下而止于一物不難自全其物使在我者為物矣而在外者無物則嗜慾不陳亦可安于淡漠紛華不入亦可守其天真我雖為物而物反非物也而又烏乎畏且天下兩物不相與亦不難各全其物使外之物不乘我之物亦不往則不見可欲既無由進前而得鄉分域而居又無由開声以相思物無我我亦無物也而又烏乎懼而無如四體一積實之質五官僅速朽之林在此者一物矣而無如天地為嘈雜之區萬物為有情之類在彼者又

一物矣而無如彼之來也似贈此之往也似答且以物交物矣蓋交不忒于外而忒于內在彼之物其無知者也在此之物其無知而又似有知者也彼以無知而無意于交此近于有知而有意于交可奈何交亦不止交于有形而且交于無形聲塵未接或夢寐覩其形而恍惚聞其音視聽自息或耳與耳相語而目與目相謀交在外物者能絕其來交在內物者不能絕其往可奈何嗟嗟耳目之為物幾何亦復誰能堪此其不引而去之也者幾希

矣下語特妙

此時之耳目已不聽從

和無寡安無傾

歲入泉州府學一名　蔡一經

由均而推之和、而國家久安可想矣、蓋不能和而患寡、因之不相安以致傾、患且無已時矣、有國家者、曷不由均無貧而遞推之、且國家君臣不協。往往求多於本分之外。卒之危疑震主。將所有祿位之不保。何僅寡少之足憂乎。抑知上下相親以輯睦。而得衆固已在斯。堂陛相引以恬熙。而本實亦且不撥。彼夫挾見少之患。幾忘枵敗之相沿者。正當廢然返耳。蓋嘗深權國家之當患不當患。而慄然于均無貧也。思夫日嚴祗敬六德。亮采有邦。日宣三德。夙夜浚明有家。大德後小德。何不均之有。（如題之序。發上蟬連而下。）不均者常始於不和。不和者。

馴至於不安抑且諸侯有國以處其子孫大夫有采以處其子孫
十分而取一又何患貧之有患貧者勢且兼并患寡患寡者心幾
忘夫定傾夫患寡而求衆與患貧而求富皆所謂安其危利其菑
樂其所以亡者借也未嘗與之由均無貧而進推之也和氣而致
祥矣天牖其衷君有禮於其臣臣克忠於其君官盛任使實惟君（和字實義）
恩小大從公未容君貺夫何有公臣不具三耦私室盡征其二之
貽譏又安而長治矣運逢其泰君不疑於其臣臣不逼於其君庶（安字實義）
明勵翼實繁苞桑耳目股肱同護心腹夫何有效尤及于家臣
屢叛見於私邑之召禍故向之患寡而未能免寡者今且併寡之

覓而無之（無字出）非必稍甸縣都之生聚異于昔日非必輿隸皂僕之繁冗加于今時蓋自上下一心（蓋字神理已足）固已如是乎其願指臂使也向之患寡與貧而幾近于傾者今乃舉傾之象而無之非必智取術馭塗飾生民之耳目非必張皇補苴苟且偷安于旦夕蓋自君臣同志固已如是乎其根深蒂固也和無寡安無傾其可由均無貧而遞推之如此夫國家而計及於傾寡助且無暇論而何有於財乏國家而使之無傾歸附皆出慕悅而何論乎貨賄求誠為季也憂之尚其於由均而和而安知加之意哉

和傾添設安和分配之義如目有眉如髮有梳並能就患字跌

出無字題妙悉出雷霆走精鋭氷雪浄聰明方斯文境

昭之五年中軍舍巧于專兵三分擇二而魯公無民則寡孰甚焉二十五年陽州次敢于逐主貌出冠入大懼社稷之隕而傾幾至焉

彼哉問管仲曰人也

邵宗岳

複言彼而稱人褒貶之意微矣夫子西何人而夫子顧再斥之乎然則人必如管仲庶免於彼之云耳且甚哉聖人予奪之嚴也籌無可紀則奪之者不妨以語之重績有可嘉則予之者不待其詞之畢或為長言或為高望一時臧否遂以定焉如或問子西而夫子斥以彼哉或人於此當皇然駭矣（伏下照湊）蓋之人也豈不自以為靖難之雄才之人也豈不自以為救時之良佐一時彼之者出自夫子則必（注上彼哉翻下）核其素履綜其生平舉彼之為彼反覆而申明之庶有以服子西之隱而釋或人之疑也（一再一翻）況彼亦何常之有詩人所稱彼君

子兮則君子也而且彼之彼姝者子則姝子也而且彼之彼哉一言是非似未可定或人於此安知皇然駭者不更悚然聽予孰知齒牙即有餘論而如彼者殊覺覆思之而無所於加唱嘆每有餘音而如彼者亦若覆舉之而無嫌於贅又曰彼哉或人於此蓋皇然駭矣（忽起波瀾却不另起灶炉）今夫楚與齊匹也楚有子西猶齊有管仲也讓國而不貪與夫辭卿而不受（挑搭靈）其為人也節槩無不同保邦於危敗之餘與夫致主於伯圖之盛其為人也勲名無不同即列而論之一則昧於明哲保身之義而不克善其終一則不無臨難苟免之嫌而無以正其始其為人也疵累亦無不同或人而問管仲意蓋在於疑夫

彼哉問管仲曰人也　邵宗岳

子之彼子西而援管仲以例之乎。嗟乎。管仲何如人也。（析落警）律以器小之論。雖學中無是人。而一匡九合。（緊拴彼字）彼功施社稷者。固非其侶。進之三〻之隆。雖王佐中無人。是而內修外攘。彼望著春秋者。更非其倫之人也。夫子嘗重許其仁者也。不圖或人耳熟於彼。而因通詢及此也。之人也。夫子固深嘉其賜者也。不料或人注念於彼。而遂連類稱之也。管仲之名。甫入於耳。而管仲之人。早愜於懷。或人於此。（複句章法）皇然駭者。乃（綫）真悚然聽矣。

因題運巧起訖清呼噏緊機趣環生自爾應絃赴節

舍瑟

章炳

瑟不遑于再鼓、承師問而不敢忽也、夫瑟固點所以娛情者也、乃因夫子問而舍之人與瑟殆俱暇矣、嘗思君子無故不撤琴瑟固也顧有時音之動也非偶人若與器而俱閒而音之息也有由器亦與人而俱遠蓋自長者情方殷于溶度雖爲寫者手未謌乎絲桐而吾黨正堪于此得其弦外之神耳如點承夫子之問斯時鼓瑟固希已而音尚在耳也蓋鏗爾也使夫子而未問點也兩情未屬則子自爲子點自爲點他人之叩鳴方切奚暇擬次以相諧弦中之旨趣彌深何至甫彈而作輟無何而逸韻猶留者竟按弦不動也則舍瑟也造物之無盡藏也有聲之人籟恒憑無聲之天籟以默爲推移默而自宣其情也豈必營懷知遇忽改一彈再鼓之常乎然達之而疊疊者未始不息之而深深則際此殷勤相印即敢舉可以自懷而猝難共喻者對吾師而依依不置也其舍之便大化之無滯機也形而上之道亦或假形而下之器以相爲舒卷默而適自適其性也何嘗希念勳名恐易操縵安弦之素乎然于神見其時行者未必不于官見其時止則値此款洽相諧又安得舉所以自暢而未必共明者對長者而耿耿不釋也其舍之便于衞擊磬荷蕢過門而知心夫未經邂逅理其器而尚知眞心而周旋已久欲知其趣胡爲而轉棄其器乎而非

輕。棄。也。不宮不商。律呂幾無可調之處。蓋其意致已恃豫矣。倚門鼓瑟。吾子聞音而知人。夫。未。通。綢繆。調。其瑟。而且。知。其人。而晤對相親。欲窺其微。曷。為。而偏。去。其器。乎。而。非。漫。去。也。何嗟何嘆。性情杳無可傳之真。蓋其氣度抑冲和矣。一此亦何待其作而對。始知其異于三子哉。

詞旨渾脱氣度雍容

享禮有容色　黃得歲

享禮有容色

汪[illegible]黃得歲

聖人獻主君之禮，而濟之以和也。夫聘不獨有享禮，而享禮以獻主君之儀也。夫子之有容色，非敬而濟之以
和者歟。嘗思人臣為君行聘，不徒尚肅肅之敬，不貴有雍雍之和。蓋旅幣者，萬國所以達寡君之悃，而禮意所
存，[illegible]盡依臣之禮。惟寓和於敬之餘，斯禮藉和以獻，和即因禮以形矣。夫子為聘，豈特執圭致其敬者
哉。[illegible]忠[illegible]見其[illegible]之倘於聖禮之際，而以持之以[illegible]謹[illegible]之態，則圭璧[illegible]將[illegible]屬之[illegible]
[illegible]命來更使，[illegible]從已微其[illegible]，惟於春[illegible]會，而以形之[illegible]者，[illegible]和之度，則玉帛是獻，[illegible]見[illegible]
觀是則夫子之於享禮，每見其有容色焉。膺爾命而結兩國之歡，[illegible]曰[illegible]之以物，則[illegible]羽毛凡屬君[illegible]
此何難以[illegible]其[illegible]如也。我觀夫子善[illegible]于[illegible]之為其[illegible]，皮有幣，[illegible]皮有幣，蓋曰寡君以歲之不易
獲春秋時見，維[illegible]不[illegible]，以君善詞之輯，而色不加溫，以視向之[illegible]之作，有莊之容。[illegible]戰[illegible]之色其[illegible]
已稱舒[illegible]，[illegible]華，而切[illegible]之懷，華曰失之以[illegible]則[illegible]之[illegible]，代君納之[illegible]而[illegible]其能[illegible]
[illegible]我[illegible]夫子善意深于[illegible]之際，[illegible]有獻[illegible]有獻者，曰寡君以道之[illegible]，不得[illegible]親如會[illegible]

亦薄之儀以為君身持之情而色禮有誠書既詢之競之寔謹慎之容微恐惧之色卯而已要稽
展注顏以矣論儀而及物享禮之時固當稱識書慎不僅在登嘉之展而夫在之有容色亦多儀
是尚情深久矣之敬有攄之而廉書其深遠備幣致其誠之餘宜可承也和亦可飲而物道不形於言
書禮之敬殷所以申寡君之好旁再論幣以將敬享禮之候因以敦信以展非敬藉請和之雅也實
之有容色亦獻幣非虔沖和藹吉之休自有情之亦难掩其洋溢于來帝和如之際禮容周旋和宜
擴攄而能虔舒展於云有情之敬引愛以書主君之志焉再陳羞饋于大廷釋柔而教備物
即以明志出情於手而稱悅擇其色輸幣將同倜儻道現於報不又倜倜然也

守虔恭容詞者落藉足一林評

自適字妥書中洋溢筆之是評

放於利而行

心乎利者，非利莫行者也。夫利豈可專乎？放而行之，誠不知其何心矣。子若曰：夫人而終日狡狡也，果何事也？夫人而終身皇皇也，且果奚為也？以而以視之，知有已，不知有人，求諸此，後求諸彼，皆以為利而已矣。且夫天下事而能皆利乎哉？損益之迭乘也，理則然矣。必欲有益而無損，雖天地亦自處于必窮之勢。人之行而能在在皆利乎？得失之相尋也，數則然矣。必欲皆得而無失，即鬼神亦不能給無厭之求。然則利豈可放乎，而若之何有放于利而行者？語之以順受之道，而放不悟也。同吾所欲在是也已。欽之，則耳之所聞皆利，目之所見皆利，有一行即有一利與之相依而語。默動止無非利為之引矣。引于利而奔，將焉往？然宗之以大公之謀而放亦莫解也曰吾所嗜在是也亦既嗜之則意之所謀皆利力之所爭皆利有一利即出其行與之相赴而早作夜思罔非利為之主矣主于利而害且誰屬歛豈其求之而即得乎正惟不即得也而懸而揣之益不禁其又為歛其稍留餘利以予人也不可得矣豈其求之而不必得乎正惟不必不得也而嘗而試之彌不勝其後又為歛其稍稍不盡之利以自予也亦不可得矣是之謂放于利者乎而抑知其多怨乎

於乎不顯

引詩之歎詞者、雖測其顯焉、夫顯之至者、誠無慮其不顯也、亦奈之歎殆有觀其深者歟、今夫一元之眞宰默運無方、至微之於人、係無有氣拘物蔽而不足以葆其靈哉、抑知昭明本有生所同具、而耿光惟古人為獨著、聞嘗徧覽周頌而知詩人之贊歎早已深其探索而揭其昭融也已、如言天而歸之命、其至微乎、其至隱乎、即其至顯者存乎、雖然、天有顯道、無煩我之贊詞、而聖有顯謨、蓋屢詩之頌美、不識不知之際、朕兆俱忘、孰發之言、思而幽深之蔑素〻手光輝、豈曰泯〻之泛茫而處〻之渺〻、亦式變之衷淵涵莫測

幾宜其擬議而歛於無之極跡形其當朗謂淪於昏黙而近于昏冥
於乎不顯詩人所以深有思也雲漢章其金玉旱麓騰其豈
靈所布一翻首而已寓于耳目詎不知其顯爍乎若會外見而叩
中藏穆穆者幾為忘言而忘象矣而無象之象其象愈不可掩覺
之心易障彼獨虛而不昧其神人情易蒙彼獨靈而不滯於迹藉
曰不顯何以傳及聖乎猶稱迪德之實而與前王後先輝映若是
耶則挹其光華誠出乎意言之表也已廣萬而崀厥成汝墳而遵
厥化赫濯所憑二二返遡而已昭于見聞又孰不知其顯懿乎
怙冒而觀旦羽翼之者咸為無方而無体矣而無体之体其体愈

不可遏覺淺以相窺初無與神明之用近以相為接亦未得之貽灼之精藉曰不顯何以貽厥後人尚守克明之道而與訓誥表裏貫徹君是耶則發其出潛獨形為想像之真也已雖在當日肆戎有疾其迹幾晦誰復從觀聞未起表厥幽光而發其咨嗟嘆慕之激然蒙難者其身投汚正以揚其清而顯灼者其心磨當自有以消其始所以遭變非常而懸象作易猶通精微于帝載率以貽其烈假不暇之志抑當日者望遺未見其心甚闇又孰從聲臭既洪懷厥徽美而肖以言思擬議之情然虛懷者其志學以謙而稱紫而明點有其象心以修而無咎所以凡登于岸而緝熙敬止用通其

昭令佑右以彰其典躬咸保之和文王之德之純不有與天同其
不已哉

於衛主顏　二節

車科二十晉江學五名

王天寵

而觀聖人之所主、而知好事之誣矣、夫孔子以義命爲主者也、觀其於衛過宋而所主者、不既歷歷可考哉、嘗觀君子持身入世必以禮義爲守不以得失攖心況大聖人出處之際而偎以倍論污之也即孔子一生所見重者賢士大夫所見惡者纔邪宵小進之日少而退之日多得之幾希而不得之幾衆然周流歷聘未嘗不慎擇所主之人焉聞嘗考其至衛則主顏讐由云斯時也適有彌子與子路相爲姻婭之故而以衛卿相招而孔子則直拒之以有命益凜凜乎非禮而不可進則不進不義而當退則退焉耳夫自好事者言之讐由之賢不如彌子之勢也主顏讐由而不得不若主彌子而得卿也而孔子尤不為無義無命之事如此彌子如此難進可知矣於衛如此於齊可知矣然此猶無事時也他日者嘗不悅於魯衛而去而過宋遭有桓司馬將要而殺之事斯時也天命雖可以自信而發不微服而行道義雖可以達權而不為苟且之托則見其所主者實司城貞子云夫自好事者論之倉卒之際尤非安居可擬也陳之有貞子亦難比於衛之有彌子也而孔子之慎擇初無異於平時也其不為無義無命之事也又如此吁好事者之說豈足以誣聖人哉

可謂能得史事之骨髓矣毘陵一辨亦其在茲乎　原評

於衛主顏讎由彌子之妻

宋有澤

因不失親、為轉計倖臣之配焉、蓋衛有讎由、非倖臣所可比、因孔子主得其人而轉計彌子之妻、豈無謂哉今夫敦金蘭者異地可以訂同心而耽琴瑟好者蟲飛恒共與同憂、故居停有託大聖人既相得而益彰而伉儷相諧彼佞倖若兩美之而必合夫乃嘆僕僕道途者之樂有賢主而瑣瑣姻婭者之不棄於妻孥也矣主癰疽瘠環或之謂孔子如此固妾婦之道而非丈夫之事也夫齊月且無論矣間嘗考衛靈之時雖嬖惑者有艷妻煽熾者多權倖大約皆癰疽類而所謂賢人君子者亦未嘗乏焉以予所聞孔子至衛時顏讎由實爲其賢主人云夫孔子何必于讎由乎是主而讎由亦安在其足主孔子哉思魯先大夫中年乏嗣求娶於顏氏而尼山之禱實鍾聖瑞讎由與之同族姓未可知也抑衛多君子讎由與蘧伯玉同行故迭爲賓主歟想其歸謀諸婦藏斗酒以留賢知子之來解雜佩以答客甚哉兩人道相契又以情親也夫豈若求援求繫者之溺於私昵耶吾嘗稽晉公子之在曹也僖負羈之妻知其賢而敬禮之不知讎由之家亦有其人否或曰顏讎由之家亦彌子之妻之兄也彌子娶于顏而孔子主其家當其樂敘晨夕促膝談心語及婚姻孔云因讎由以識彌子而竝知彌子之妻此亦

亦事之或然者而吾之連類而援引之者則別有說嗟乎彌子固非賢人而其妻亦非賢女士也脫令德音莫違則必以遂私駕君車而示寵將中主篇以為臣中女羞以為夫矣而彌子之妻如故則彌子之不得與顏讎由比倫者即謂之賢內助之力也可吾獨思孔子至衛時不為於所主蘧伯玉而外惟讎由稱莫逆而王佩璆然主於帷中而見者雖吾徒未免有愠色何論彌子何論彌子之妻也哉而事之不期而值者則以彌子之子路之妻兄弟也衛卿之餌豈足易讎由之主哉

娟娟挺秀一洗俗塵

入手別有蹊徑

借上截下妙無痕迹

宗廟之事如會同端章甫　何恒鎮

論事於廟朝衣冠所必飭矣夫宗廟也會同也其事皆禮樂之事也元端章甫殆亦取其宜乎公西華曰昔子入太廟每事問也禮也而夾谷之會又恐嘉樂野合焉黼冠裳以將事惟君子當之亦何能之有雖然當敦盤俎豆之閒而服奇志滛亦有所不敢出者亦之所未能而願學者果何事乎夫禮云樂云何者非吾儒所有事然上之既不能策勳厲士効能於韎韐甲胄之中次之又不能富國裕民奏績於草服黃冠之際無所豆長之效可見於此矣竊願質所學於夫子者其惟宗廟之事如會同乎今夫宗廟君龍卷

以祭夫人副褘以從百爾君子於以覘濯具反告潔以昇煇扈翟闈焉禮亦綦重矣而三闋迎牲樂不又從此作乎立文武世室以稱宗辨昭穆位次而稱廟孰爲堂事孰爲室事諒亦儒服儒冠者所宜講明而素習也若夫時見曰會衆頫曰同亦與宗廟同爲盛事也有征討則爲壇以命政朝六服則爲壇以命事會耶同耶其孰敢干天子之典以自取戾耶乃至于今而會同非古若矣問其禮而郊勞贈賄之文缺焉問其樂而鹿鳴肆夏之奏紊焉求有如晋之旬魯之豹彬彬稱禮樂選者葢已難之矣詩有之赤芾金舄會同有繹赤于此竊復有志云獨是服之不衷身之災也矧其爲

層層映帶　步步蟬聯

綰合礼樂　輕倩可喜

宗廟之事如會同端章甫　何恒鎮

考核詳明
踈落入古

收束完整

宗廟會同之地乎假令聖天子修廟祀舉朝宗而一介儒生猥以被服來鵷梁之誚彈冠君鷸聚之譏不亦輕朝廷羞當世士耶赤雖不敏間嘗考三入七入之制溯母追委貌之遺而見夫端者正也布幅二尺有二寸衣視布袂稱之屬幅廣袤等焉章々之也甫大也殷先王之所遺也君子著委蛇之度呈禬祫之休其殆必端章甫乎其在宗廟不必有衡紞紘綖之美不必如山龍藻火之奇自堪與爵弁緇衣同其雍穆其在會同貴于首者大其觀章其身者執於度又將與袞冕黻珽增厥輝煌小相之為乃所願也

吉大師相原評

題面雖實。題神極虛。上承願學。下注小相。固不得一味呆鋪實面也。塲中解此者絶少。是卷抑揚頓挫。獨擅風神。

宗廟之禮所以序昭穆也

鍾大受

禮有可徵達孝者於序昭穆見之矣蓋宗廟之中禮所從出也觀於昭穆之序不已徵武周之達孝哉且王者追王上祀廟制以興凡入廟贊襄皆得以展孝子慈孫之念論者謂我周右享各得其情要之倫明而後分定分定而後情通其合萬國之歡者凡以盡孝而定一家之禮者即可以原義矣試觀武周于宗廟夫宗者何禮有大宗有小宗大宗百世不遷小宗則五世而遷者也廟者何禮王立七廟祖廟一群廟六祖廟居北面南群廟則分列左右以次而南者也然已統言之曰宗廟固合祖考廟顯考廟王考廟皇考

廟而無乎不在可知也當其有事于宗廟又合祖同宗父同宗子同宗孫同宗而無乎不在更可知也武周曰是不可漫以處此于是有班列之禮爲今夫人道以神道爲衡至明即至幽爲準列祖雖遠猶可以情通王者隆大典以奉先太祖東嚮有常尊矣乃升而合食則不紊而下居北牖自嚮而下居南牖爲時而祫祀則高圉以降皆南嚮亞圉以降皆北嚮爲萃千萬年之祖德宗功羣受此仁孝誠敬之穀而不虞于渙此禮之在祖考者固顯而可見也族姓綦繁不難以分定王者別宗親爲主道阼階之東有定所矣乃畢原酆郇爲武伯仲凡公姓之衍則班前之列爲邗晉應韓爲武

宗廟之禮所以序昭穆也　鍾大受

乎行而公族之多則班後之列焉率十五王之雲裔初胄共申此報本追遠之情而不涉于混此礼之在子孫者乃微而堪求也何也所以序昭穆也蓋燕天昌後皆爲列考留貽使謂僭文子文孫僅故寢門之朝當不若是之淺而示其意則釐然不混者不啻同姓不與同車合食必兼綴食而父子兄弟咸得瞻拜以抒忱則武周之所以明倫者至矣盖至世同而議貴第或有時而長兄世異而議親父必不可以後子此則準乎昭穆而行之者爾螽羽瓜綿惹屬神明遺胄使謂統伯父伯兄僅昭祀典之光又不若是之紊而推其義則秩然在列者不啻尸祖不必尸父抱子不必若抱孫而

世系天潢皆得循聯以相祀則武周之所以班次者深矣若夫祖

而割牲亦天子之有父醻而執爵亦諸侯之有兄此又別乎宗廟而通之者爾

故曰達孝也然而不止此也

定公問君使臣臣事君

學試星子縣一等二名　雷大英

君臣各有其職魯君擁虛而政柄旁失君之使臣臣之事君職以微也定公以是為問殆欲
明君臣之分乎且自乾坤定位而君臣之職昭焉以尊統卑用下敬上自古以來未
之有易也降及春秋大分不明或恃勢以侮其臣或越職以陵其君若觀維夜
倖制於秦君臣之道難人之矣而魯為兄弟之國日見定公以之務向友蔭而有
諸矣以五乘去而什曰於貴又不許然公過求矣臣徒以儀予而出在乾侯造
其後晉人受賂叔孫於死意好甘受逐君之名使一子家羈滯從君於難
而卒以不復君臣之間固如是乎乃循兄終弟及之文而不正其始三桓之為擅權
於公室日甚君不能使臣臣不能事君定公之所難於此也蓋以君之難非一端而有
君即有臣而使之權以定是故君為元首臣為股肱類而推之莫不有其使

臂之使指之移。被寵之向君而責及於使臣。特欲使拜爵公廷。共令行禁止。皆不敢稍抗於我也哉。而臣之不易亦非一端。自有臣先之。以君而責之必以立是故。人君如堂。人臣如陛。取而譬之。更若子事父。弟事師。亦徵然實之。向臣而責及於事君。但欲使委贄於朝。共奉令承教。不敢少逆也。亦也。抑亦千古之君臣失道。如怨。如怒。士只問於責己。君曰吾能使臣。臣曰吾能事君。只以兩相矜頌於既微。而失使之少之共命。亦有問也。抑晚近之臣主。其如如端。在厚於責人。君曰臣之試以事我。其聽吾命。臣曰君之試以使我。其盡我心。兩相習責於其己。而失使之事之其道。不施言也。如之何抑。意將以爵祿誅討為使臣之道。以阿狗雖迎而事君之道和。

有力充暢中有凝斂

治國其如示諸掌乎

五名　林爲楫

極言治國之易以所明者通之也甚矣國不易治而明於祭禮之
義不可以該治理哉今夫惟王建國而吉禮掌諸宗伯蓋以治神
人以和上下道固莫要於此後之人苟徒務措理之才而無其識
則典制之精意弗洽宏裁亦鬱而不光夫乃知不世之烈受宰於
張皇幽渺之心而有餘則恃原者得也而如明於郊社之禮禘嘗
之義此其識之遠到何如乎陶匏繭栗協其儀蒼璧黃琮異其數
猶夫迹耳而有見於饗帝之爲仁人則翼翼昭事之忱仁育爲念
是即經濟所自起矣此其解之獨超何如乎追享朝享別其名有

樂無樂判其規猶之顯耳而有見於饗親之爲孝子則洞洞其敬之隱孝治以開是即化理所自宏矣而吾因是以思夫國之治則顯微雖異不異於理黼座以臨猶是郊壇以奉也乾父坤母之業原可以取懷得之抑神人雖判不判於情當宁以馭猶之入廟以告也推恩錫類之休即可以反手致之其如示諸掌乎念一國環依之衆無非天地之所生成血氣所通不於有道之曾孫而有聞也吾于冬至圜丘夏至方澤深窺夫爲明爲察不僅爲身請命即百神受職百貨可極皆有旋至之符又何況於負陽抱陰之共爲聯屬者乎不出堂階而國中之呼吸潛通早有清和咸理之象固無

之不瞭如矣撫一國觀化之侶無非祖宗之所留貽命脈所關實於主鬯之一人為維繫也吾於五年一舉四時分祭深原夫僾見愾聞無非反所自始則下治子孫旁治昆弟已通昭曠之原又何閑於肖翹蠕動之俱閑生息者乎不越宮寢而國中之化裁曲盡具有聲欬暨訖之模固無之不佫如矣在武周由國治之後而典制垂在後人由典制之明而治法舉萬物本乎天人本乎祖事備乎三重十倫氣洽乎五行百産此之謂上下之際理大物博觀於廟中而知境內之象也孝之至也

不務為闊肆而理蘊包舉知其立言有檢

治國其如示諸掌乎

一名張騰蛟

言致治之明且易、禮之所通者廣也、甚矣國之治、〻以禮而已、舉而措之如示諸掌、非明於享帝享親之禮義者、烏足及此乎、今夫言治法者極於昭代。覽千八百國之遙。而非阻也。陳三百六十之屬。而靡遺也。且卜世卜年而如可得諸指顧也。休哉致治之絶殊。何以臻兹。乃觀於郊社禘嘗而穆然矣。周之德與周之所以王者其在斯乎。夫郊社之禮。禘嘗之義。既能明之無疑缈。惟帝爲群物之祖。故包含徧覆而無所遺。泰壇泰圻。雖若專以其地。求其實職方所掌。皆於穆中一氣之彌綸也。明乎此者。儼然有稟天出治之

思爲惟身爲吾親之枝故反古復始以爲民則姓別戚單雖不得
以其屬通原諸厥初生民皆毛裏中一本之布濩也明乎此者隱
然有孝治天下之模焉此其治於國也直所謂條貫而兼總之也
我觀大宗伯統掌五禮而首言以吉禮事邦國之鬼神示非以吉
禮接三才之奧其理大而用博歟國於天地必有與立王上事天
明下事地察中事其先無怨恫於鬼神然後能以邦國寧故吉禮
以建保邦國也夫不本於神道而能制禮者末矣本於禮而弗能
和其神人安定其國家者有之予信斯說也治國不如示諸掌乎
且夫幽明之道一而已萬國之勢其渙而治之者必需於窮變而

通久也故設士訓誦訓之官一主圖而一主書四海如指掌焉然武周當日但毖祀於神京而萬物之流已有視都知野視野知國之象神而明之所為措則正施則行者不移時而即存於目擊也萬國之事至賾而治之者必待於宣化而承流也故設撢人訓方之職一道上而一達下四海如運諸掌焉然武周當日但昭格於乃心而大猷之升已有推此而準放彼而準之形紹而明之所為盡化裁神鼓舞者處户庭而早定厥規模也是以前巫後史觀天下於無為守正之餘禮藏義脩舉天下於體信達順之地國統於治〻統於禮〻以孝行孝以放諸天地祖宗而至聖者作之明者

述之九州咸一體呼吸凡幾周而不能建蕩平正直之極以掌上
定之有餘者未有也
洞然於天人之際大含細入色澤既古風格尤超

治國其如示諸掌乎　　二名　游光繹

極言治國之易、以理無不明也、甚矣國之非易治也、然既能明乎禮制之大、則其如示諸掌也奚疑焉、今夫制治難易之數。觀其然者耳。循其末則難。故雖英君哲相。經數世之經營。或不足以登上理。循其本則易。故以仁人孝子。創一朝之大典。而已足以定隆平。然則明乎郊社之禮禘嘗之義者。吾得觀其效於國焉。上世熙明之化。廣被於遐荒。而其道固不在遠也。惟上承乎天地。祖宗斯下及乎羣臣百姓。故觀於類帝禋宗。君子以為風動之治基焉矣。即我周隆郅之休。遠延於奕葉。而其道固非有他也。惟幽有鬼神而志氣可通。斯明有禮樂而群黎徧德。故觀於祟望告廟。君子以爲永清之治成爲矣。夫治國者亦患不明乎斯禮斯義耳。明則其於國也。直如示諸掌云爾。將欲措一國於清和咸理。則所以經緯萬端。者。惟禮。而禮至神祇皆格。則其大爲無加。明之者尚有何事足窮其措置乎。氣無不資始於乾元。吾即以所以格天者治之。形無不資生於坤元。吾即以所十格地者治之。鑒無不周。斯由微及顯。即因革隨時。而探仁孝之大原。以布爲綱紀法度。不啻舒指知寸。布肘知尋也。而豈足難歟。將欲致一國於協氣旁流。則所以裁成百度者、惟義。而義至祖考咸秩。則其精爲已極。明之者尚有何事足審其數施乎雲礽無不遠源乎祖吾即以所以尊祖者治之繼別無不近本乎宗吾即以所以敬宗者治之識無不到斯由源及流即質文異尚而發幽明之微蘊以達諸禮樂文章猶是身之使臂臂之使指也而寧有參歟夫王者顧畏民碞則衣袽馭朽每不勝其難其慎之思而考其治功徵其訓戒要不過答祖敬天數事而已蓋非必遺棄一切直以其統括無遺故禮義立而遂有崇朝化行之事即以明之者居高御物將仁漸義摩亦必需必世百年之久而大化雖遙隆模已備固非直驩虞小補之為而已蓋非必別有神明直以其本原洞徹故禮義行而益昭數天衷對之休而又

何疑於武周之達孝哉○

實從上文發出治國所以不難處理精詞湛筆力雅近黃岡

居東海之濱

以東海為居者若不終于居焉夫太公之居海濱居與夷同而居之志與夷異也夫豈肯終于居哉且夫古之大賢以竊父而逃遵海濱而處則海濱其聖人逃避之鄉乎乃有不以為逃避之鄉而以為養晦之地如太公之避紂有可思焉夫太公固非常人也以彼之才公其遇逢盛世出而博取人間富若貴與一切功名才望固自易易胡乃飄然長往竟以三韜六畧去之煙波杳冥之鄉而有不辭也哉蓋太公竊欲待時以有為而不得不居東海之濱也斮朝涉之脛紂之虐于民也久矣使太公而受爵於廷豈能成鷹揚之烈乎惟是隱忍以俟

而旋乾轉坤之業暫寄之一竿之內維潛蹤遠遁猶有餘望也已剖賢人之心紂之畏於臣也亦多矣使太公而受祿於朝豈能建清明之功乎惟是優游以待而濟世安民之畧姑付之片石之中維倉皇奔避猶有他與也已脊顱已篤於帝心而毒痡方熾猶若不免於淒涼目營一世之務身安作啣之間其於海濱也為隱居之地亦即為求志之地風雲漸卜其將合而求清未定猶得自任其道逸志氣直淩霄漢之上蹤跡不離龍蛇之穴其居海濱也蓑笠為其經綸而經緯即其匡濟吾故曰太公之居海濱固欲待時[illegible]以有為也

切定太公之居海濱　移不得伯夷上去

謂親也長也於人爲甚近而不知近也而至遠存焉吾一爲之懸揣焉事親孝而底豫已洽于家庭事長弟而遜讓遍周于閭里止此一孝一弟已先盡乎良知良能之遺而其餘可概矣愼毋謂親之長之於人爲甚易而不知易也而至難具焉吾一爲之研窮焉行吾愛而愛莫大于親親行吾敬而敬莫大于長長果盡愛盡敬已通達乎與知與能之道而其餘可知矣親其親長其長人人如是而天下自平

筆致林漓

是作不失稚年真面目堪稱傑作

居是邦也

吳先鋭

仁視其所居、可無憂遷地也、蓋邦非虛境也、言就爾居、敢自謂懷抱利器來乎、夫子嘗賜若曰、人以載理之身、與外境相際、何境可視為外緣哉、司意匠者、固開而造、藉他山者、亦出門有功、則由利器之說以思、為仁正當於托足時自按耳、必與古為徒、此亦甄量叔世、夫魯削宋介、懷賈者猶過舊壤、可知昔所有、不必今所無也、望河山繡錯、敢曰天下無邦、謂林芳堪賞、此亦計出無聊、彼南金東箭、波及者不乏餘材、可知物不產其土、可寶者多也、對匪雨晤言應嘆索居已久、吾為女計、可勿念及於居是邦也乎、誌傳聞者

必舉閭里古人最重桑梓之邦顧聚族于斯而欲以才華推獨出
之選則距勝地而家焉即何異擇下地而處也賜也瑚璉質久
照耀于通都天而弗賫貴女奚以產于斯天而遂限量女亦奚以
置于斯我躬寧不閔乎撫昭質之無虧而還念位置有方我有以
爲賜賀矣紀風土者必稱流寓古人最重遊宦之邦顧登臨所至
僅與騷人爭景物之奇則必壯心所由快者未必非浮志所由闢
也賜也東錦行遊屢懸車于異國思昔我往矣僅慄長物于琴書
揣今我來思或異從前之面目好音尚可懷乎懼鄙吝之易萌而
謏也杖策遄臻我有以爲賜贈已性靈本于天界乃地氣亦若持

權詢諸父老渺焉嘆風教之殊攬其文章槩也得江山之助究之
鍾奇毓秀之區亦多若窾標空名以相詡其悞人實甚耳左泉流
而右淇水奄龜蒙而荒大東賜試思先公禮樂之澤何由萃吾羊
畝宮地也哉上字雖屬分疆乃人心則無可域足跡未經尚有精
神之契旧遊既徃猶勞夢寐之通夫亦井苦得失之數寸心自明
挾盛氣以相接斯終身不解耳東海之間歷百年大河之濱勤三
至郎予也生平閱歷之際不頗勝十年讀書也哉天下咸物之具
每與是物相並而生吾人益身之資必隨吾身所在而取居是邦
也所以利吾器者可忽耶

孟子曰舜之居深山之中與木石居與鹿豕遊其所以
深山之野人者幾希及其聞一善言見一善行若決江河
沛然莫之能禦也

會試 宋若霖

善窺聖心者爲狀其由寂而感焉夫虚明者舜之心其與人初不異也一有所感而不異者眞異矣斯爲善窺聖心者乎今夫挾一善而翹然自異者殆未嘗取聖人之心體而微窺之也夫聖人亦何嘗求異於衆人然當其静而廓然其適當其動而豁然胥融其感而遂通之神耶裕於寂然不動之始斯眞所謂度越尋常者矣曷不觀夫舜舜之身爲萬善皆備之身舜之心遂爲萬理歸懷

水銀瀉地百孔皆入

超超元箸　妙絲活相　紆則曲潤流泉　急則奔湍赴壑

之心則試觀之於未始有感之先而得其寂以待感之體飯糗茹草之地若將終身殆無往非深山焉居也遊也渾然者元德褆中處於靜深之境而胥泯其識知縕瑟歌風之年不殊耕稼盖聖心有深山焉居與居也遊與遊也跡遠乎塵囂亦相忘於讓畔之誠而不驚其渾噩於斯時也萬籟俱寂聖衷之淵穆莫由窺測其端倪自感未形神應之無方不覺盡歸於沖漠求其一言一行之善而不可得也木石鹿豕間其與深山之野人大都不甚相遠也而舜曷異乎異之乎其聞所聞也異之乎其見所見也太虛之于萬類撥之而不盈虛而有以窒之斯扞格者多耳舜之心則虛

純用白描繪似龍眠畫法興會淋漓筆歌墨舞元氣茫

矣。一自善言善行乍交於耳目之前。而其機迅。而不留。其用。

而不括。而誰復得其扞格之端乎。有覺之靈。萬象當之而自靈

而有以錮之。斯齟齬彌甚耳。舜之心則[illegible]一至舜自一言一行之

善。忽投於濬哲之胸。即粗迹。而得其精微。亦一端。而概其全體。而

誰復見其齟齬之形乎。則見其恃源而出。幾同萬派之朝宗傾注。

無窮。不異百川之赴壑。蓋若決江河。而沛然莫之能禦者。即其居

深山而渾然莫之能測也。祇幾希之異。而聖心應感之妙有如斯

夫。然後知聖心之至廣大者。深山亦藏化境。聖心之無凝滯者。野

人亦得與能。夫是以大麓風雨。益呈至德之從容。而颺拜賡歌。莫

淫收ふ

馨帝光之格被當其寂而淵涵無盡當其感而叩觸斯靈彼夫挾

湯

一善而沾沾自興者盍亦取聖人之心體而微窺之耶

本房王師

一片神行勝理畢赴既該神旁天隨流於才既溢之候許

8

附之以韓魏之家如其自視欿然

有不為富貴所移者可見其心無自足矣夫韓魏之家不易得也乃附之而欿然如是不亦見其無自足乎今夫位望未隆于列職姓氏未彰于當宇莫不望之于富貴之一途然富貴固非人世之所必有苟一旦加之以是而誰則介然獨立運富貴而淡然忘之者乎今試舉天下一富貴之境獨不曰有如韓魏之家乎自有韓魏之家而入其中知韓魏之家可樂即未入其中亦將設一韓魏為想人情自此始歆矣且自有韓魏之家而旁覩者侈談學實以相誇身親者升欲專寵利以自固人情自此愈動矣是韓魏之家未易得其附之耳

設也附之以韓魏之家矣吾嘗怪世之人當匡居之日每以富貴自
期許迨至以韓魏之家附之無不矜而驕之曰吾今者出微賤之躬
進而邀袞冕之貴辭泌水之窮進而受鍾鼎之豐如是而欲求其歉
然而視之蓋亦難矣而孰意其尚有自視欿然者乎思宇宙之大有
家者不可數計而吾獨致慕于韓魏意必世俗所共期一旦舉以附
之彼必悟然受矣庸詎知讓之不遑而殊不欲以功名之可稱遂以
易吾生平之志也吾寧無自矜為可也思天壤之寬有家者不可勝
數而吾獨致思于韓魏之家意必斯世所衆望一日因以附之彼必
坦然安矣庸詎知卻之惟恐後而殊不屑以我生之心志猶相慕夫華

膴之榮也吾寧不自足焉可也推此意也目前附之以韓魏亦無所攖心則後此雖富更有甚于韓魏者室足以動其心耶充此心也今日以韓魏之家附之亦安之若素則後日雖貴更有大于韓魏之家者室足以移其志耶過人之識不亦遠乎

字字呈金意深不異之格寶兩難洵是

當時之僅見以此自能識拔之

第三十八冊 卷一一四

堯峰文稿舉此言即題發理句但截不可稍易此稍就子生夏頌信秩姓

始可與言詩已矣子曰夏禮吾能言之

聖人許悟禮者言詩而深有感于夏禮焉夫惟能悟禮者可言詩可與言詩者未必能言禮也夫子言之則姑自夏始昔子夏言詩而有詩序言禮而有禮誌則詩禮之教子夏似俱有得也迨既而考其詩之所以傳禮之所以垂而後知聖門之言詩與禮者皆賴聖人與之言之而且先自爲言之吾夫子與子夏言詩而子夏忽以禮爲後豈其閒居側聞夫子言禮之訓而悟之歟抑或聞夏先王尚忠之意而感之歟果爾則即以子夏爲能言禮也亦無不可乃夫子獨以言詩與之也何居蓋子夏問詩之時初何嘗有言禮之見迨一經夫子之解而意已出于詩之外也即夫子解詩之時亦何嘗有言禮之意迨一入子夏之心而意

已不滯于詩之中也。此雅言詩禮之夫子所為以言詩與商也而或曰達辭彬彬之不答知詩也而即謂之知禮肆夏文王之不拜知詩也而亦謂之知禮安在詩之不通于禮而可與言詩者之不可與言禮哉頤言禮倍難于言詩矣即如我周之禮首監于夏而夫子與子游言禮與猶興思于夏時則甚矣禮之難言而夏禮之尤難言也詩有三頌而于夏獨無頌故吾黨即有言詩之徒出而論安邑之遺規彼必退然謝不敏矣詩有十五國風而于夏之後獨無風故及門即有言詩之賢進而述神禹之典型彼必歉然遜未遑矣而幸也人所不能言者而夫子能言之人所不可與言者而夫子獨能言之庶幾夏先王之制作可與詩禮並垂千古乎而不意其亡于杞也其與夏詩之亡幾一轍矣

亦同法

始舍之圉　而逝

校人之狀生魚、固生魚之狀也、蓋由圉圉而洋洋、而悠然而逝焉、生魚之狀固然也、昔校人烹子產之魚而反命也、欲飾魚未嘗烹必言魚至今在水、欲飾今而後求魚也不可得、必言初舍時魚狀猶不似前、夫魚之相忘于水、何則圉圉之有、則何洋洋之有、又何必悠然以去哉、惟魚之無故而失水、又無故而得水、則始必圉圉焉、少必洋洋焉、終必逝而悠然去之也、使不以悠然狀魚、則子產之不悅、使遠以悠然狀魚、而子產之心得無疑乎、因憶始舍之圉圉焉、狀魚之無知于水也、猶若生、若存、若死、若此、豈非魚之情哉、而始果如此、少則洋洋焉、狀魚之有知于水也、將若死若生、若此豈非魚之情哉、

而少果如此又不覺其悠然而逝焉生狀蓋之以水為天也吾恐其

又、網罟而今乃得縱于江湖者此非魚之情哉而終果如此夫魚、

既烹矣安有所謂圉、也安有所謂洋、也安有所謂悠然而逝也

校人則善言魚其真平日所見之圉、也真平日所見之洋、真

平日所見之悠然而逝也豈不足以欺子產哉

春秋

孝達於春秋禮緣情之心入維春與秋固孝子見情之時也即是以觀武周而達孝其可想矣且論孝而至武周其纏綿無已之心固無時不與祖考相聯於無間也然愛存慤著雖永矢於晨昏而愾見僾聞必感深于歲序靈怳怳其在天時忽忽以來告何莫非孝子見情之地乎則請以觀武周之達孝岐山起化伊始翼翼而召司徒祀典之明備獨隆于昭代然介在侯封祫禴四祭夫敢以僭踰倘欲概仍其舊恐文考有知竊然惘于思隨情之已而甲子渡河以後入廟而大駿奔將享之恪敬卓越于千古然自任乎一

未權宜從事豈宜以屢行苟無變通其際恐文考有知恐文考亦知又憮然於煩瀆之無已武周爰酌夫急煩之中制為明禋之儀而或春或秋於是乎致孝焉靈爽居一氣之先無以聯之則不合當夫青陽布令我祖之精神亦或隨時以降陟則對此句萌甲折而先王生物之仁將思報其澤者諒不僅以尋常情緒相通於冥漠也夫人情每閱芳辰之來臨而居處玩弄嗜好服御之屬皆悉易其宜又以其時樂陽春之烟景序天倫之樂事揆之在宮之靈應無或異也憮履端之又如知聞告語于先正矣明聰儲一理之遇無以翕之則不聚當夫少皞司權吾祖之英靈方且隨氣以偕

則觀茲流火授衣而先王成物之績將思償其恩者當不第以念
端心志感動於杳渺也見後人每際素節之來告而總章太室並
白麻犬之制皆各殊其故又以其服召伯叔以言歡聯甥舅而樂
好質之在天之心想亦[illegible]同也聽商聲之慄烈用凜趨蹌於對越
矣鬼神遠乎人以為寄無形無聲渺乎其與天為徒也而礼不可
以疏迴念我親未沒之月亦嘗方春秋而有事於宗公矣今即物
換星移而顧瞻本始豈伊人異人樂來哀往未免有情也故曰享
春及悲哉秋氣孝思永結長無絕于終古鬼神體詣物以為質右處
笑語藹乎其與人相接也而情不可以懈轉思吾父猶在之時亦

嘗當春秋而脩明祀事矣今即時異勢殊而念茲皇祖曰[illegible]之言怵惕悽愴詎能無意也故春日遲遲秋風蕭蕭今孝深情直直所於邇寔觀其有事於春秋武周兼真善繼述哉

春秋

平湖王縣尊李　考

本學　名　楊九雲

孝因時見先王之心愆矣夫先〻之于春秋何如者欲見武周之孝故莫有重于此也且人情不過撫時而念吾親已矣而制作出自聖人則非徒念吾親之謂也誠見夫〻〻之心有隱〻然與節序相感推移者而于小子何恐一日忘也武周之善繼述于何見之先王去今幾何時矣問其志〻安在也然猶不知今所歷之歲月即吾先王所曾歷之歲月乎而志如在矣一〻其事〻已往也然而不向所值之物候即吾先王〻所值之物候乎而事未往矣武周于〻禁念茲春秋而皇然也必待東風既至〻露既零而始動其追養

得旨

以擒為撇

照之數至於

等

性情流露脈

紫理

前以層設

悩散不改算
後一層說

誠後矣時未來而予心已迫不及待常若春令之行之故滯也常〻秋令之行之偏緩也夫〻〻秋之迭運本甚速耳及迭運于孝心而反不見其速非特是先王當〻所以矜望此春秋之〻而皇然也抑不禁顧茲春秋而悵然也借〻句萌既達草沐既衰而即徹其依怙之悵澍矣特已往而予心每留連不舍常若各未之漫誕而可傷也常若秋氣之凜冽而可〻夫春與秋之遞嬗常相隔耳反遞嬗于孝子之心而絕不見其隔非猶是先王當〻所以眷注此春秋之意乎而能勿悵然也〻〻猶夫春無異春秋無異秋而已不若曩者追隨吾親之側立効上嗣登受之勞則雖至于日引月長而霜

而之情愈覺其甚，豈猶夫人之于春秋也。去親近則思之，去親遠
即忘之也哉。方嘆夫春非吾春，秋非吾秋，而徒得于頃者合祔吾親
以后至斯等之地，一展魯孫貽格之忱，則雖極之悽愴怵惕，而存沒之感終覺其
莫補，豈猶夫人之于春秋也。不然，則傷之有其舉，即快之也哉。若
乃四時有祭，而獨言春秋者，則以其時之信足動孝子之心而已矣。

補題

注宋敬存斯等方得善繼善述本旨，近日二十年而足之文，世不聞矣。
也存文筆更灑脫可愛

春秋修其　一節

祭之通于上者、曲盡其誠而已、蓋春秋致祭、格有廟也、而又陳焉設焉薦焉者、曰誠在則然、且聖人亦人情之至耳、人情有欲見者而不得見、往〻觸所感而動于中焉、聖人曰我欲見先王而不得也、我以時祭之而即時思之、又恐其思之偶忘也、倘致其所以觸吾目感吾心者、而過其地而思之、過其物而思之焉已矣、武周繼述、首在祭之因時者乎、時維春矣、雨露既濡、君子見之、必有悽愴之心、自春而夏胡獨不然、時維秋矣、霜露既降、君子履之、必有怵惕之心、自秋而冬當復何如、蓋數歲一舉者、祭不欲瀆、瀆則玩、一歲而舉者、祭不欲疏跳則觧而音以知武周曲致其情于祖廟而極夫思之不能忘也考自武成而後廟貌久以維新春秋修之非更欲美觀也念我先人遷豳適岐世無寧宇今日者丹艧雖煥我祖宗已不及享一日之安則撫此榱桷以思厥締造而其情已愀然矣由是陳于祖廟者厥惟宗器溯自虞廷以來班瑞已歷千年春秋陳之非徒示能守也念我先人寶賢愛國世無失德今日者彝序雖列而我祖宗已不及供一日之玩則覩此球圖以思夫手澤而其情益愴然矣由是設于祖廟者厥惟裳衣孝子事親歿必藏其遺服焉久則不可復識矣乃春秋設之而警欬若聞耶且以見我先人冠裳古樸未嘗僭擬今日者衮冕承

祀而我祖宗之身已不及佩惟留此顯然漸歇者以示後世而其情益無窮矣由是薦于祖廟者厥惟時食孝子事親養必備夫時物焉殁則難與為情矣乃春秋薦之而視膳猶昔耶且以見我先人藝麻樹菽備嘗甘苦今日者雖苾芬用享而我祖宗之身不及親嘗惟舉此蕃然日新者以驗歲時而其情愈無方矣以皆我武周曲致其情于廟中而思之不能忘也猶未也

情文斐亹自是佳篇

春秋脩其　二節

歲覆泉州府學一等二名　王綸禮

孝達于祀典，而上下均洽乎大祭禮通於上下，春秋與宗廟並舉，帝非孝之達哉？且孝之達者，非達於一人之默運，而達於幽明之感乎。有其上焉者，先王之所以脩乎也；有其下焉者，先王之所以錫類也。明乎此，而武周之達孝可得言矣。孝莫重於祭禮，祭禮不舉，將式憑無由，何以來享來格；孝莫隆於祀事，祀事不明，則恩意未洽，安見其以燕以寧。嘗祭不祧壞之，則雖武周于是禮行於春秋，祭不欲數，數則瀆；武周于是禮行於宗廟，歲序其遷流矣，而惟此入廟告虔之念，時時其不忘，則今日之必誠必備，無非愛著愨存，仰答高高之德；祖考其莫追矣，而惟此時肅展親之情，殷殷其難已，則今茲之無嬉無怠，無非因心。明禋美典，將宗祖之仁，故觀於春秋祖廟脩焉，無敢褻也；宗器陳焉，亦以志也；裳衣設

焉惟其肖也特食薦焉取其新也如是者豈其文哉孝思所追而行焉者也又瀹於宗廟

明穆序矣明其分也貴賤辨矣昭其等也賢能別矣著其才也老幼恤矣旋其之也凡此皆

皇末節哉孝思所積而流焉者也然後知武周之用情深矣霜露感懷已妥先靈焉

恫而復備我觀躁大小入廟而觀俎豆之光倍覺情文交至則由宗廟而溯春秋先王之靈

爽固已隱合於無間抑何孝也然後知武周之用意厚矣小大稽首既慰先志於幽冥而

又重以宗器服衣對越而主几筵之色更覺典制咸周則時春秋而思宗廟二聖之精

神又已統攝於無外豈不達與

以仁義之質標古往之神靜對稷時彌覺其永

春秋脩其　二節

戴震晉江縣
學一等二名　朱達

西廟御顧養錫類禮儀備矣夫春秋之際同姓異姓畢集通于上顧養深也通于下錫類周
躋以享也考禮儀之備見繼述之善矣今將舉先王之志事而繼述之則必審其志事之所
周存存
重澤而見端而推其志事之所極終夫志事其渺然者也實之形跡則昭然志事其渾然者
興以法也臚之儀文則燦然蓋觀於神靈之憑依有常人類之浹洽無既而曉然於武周之
物壽壽
適自耳所以為善也昔自文考篤孝寢門之餘謹守五廟稱主器衣德言血食用綏其時岐
日追溯山之享已昭萃渙之文爾疏附而造菁莪誥敎引養之古亦往往而備猗歟休哉武
周將何如述繼哉則見有露既濡霜將肅孝子履之悽然惻然爰是或分享或合
或於祥廟或於太廟總之皆春秋事也太室之閟默而登之者紫也天府之□維

布之著守也由是大歛小歛之餘舉以授尸守祧掌之羞豚鮨鱐之屬按弁令
饔餼人辨之以肅其容以貴其物以康其體以思其嗜神也而人享之謂是為武肅
善顧養云爾抑又聞之廟中者竟內之象則必以格神保者明以協人類禮其可分
備哉且夫我周以十五世之繩繩者而萃于大宗則天潢豈得并混其派故昭穆之序
禮之本也而異姓裸將則有若執圭若執信若躬執穀執蒲多士奔走則有若宗若
祝若奉牲薦幣眡滌濯羞與昭穆之序並謹焉洎乎福酒既備長相酬幼揚觶而無
算爵之意周也逮至樂具入奏黃耇別台背而合族以食之恩渥也詩曰孝子不匱
永錫爾類是之謂乎當斯時也凡廷清穆而寶玉輝煌檜楛若新而梧桐由舊尊祖而敬宗敬宗
以旅奠厥人官維貴維賢之有等嘗蒸神惠吾老吾幼之無遺蓋禮儀備而上下達宗廟通而以尊老矣

春秋脩其 二節

歲覆憲安縣學一等四名 佘霖龍

合隱顯以達孝隆祀典也夫因時備物孝達于隱也隨倫盡制孝達于顯也合隱與顯祀典不極隆矣且從來論孝未有不合隱顯於無間而可以言達者也深一本以合乎漢爲隱矣萃歡心以明其制焉一何顯也極先人之精意悉受孫子之裁成而隱顯不偏吾觀武周於廟中而知繼述所以善也我祖宗其有遺憾歟夫祖宗隱矣今以陟步而兩無愧焉則創當年所未有當不徒在禳禴象物怵惕悽愴間也而何能隱焉喻也我子孫其有可遵歟夫子孫顯矣今以履尊而建非常焉則垂後昆於闈替諒不徒在班非獻享親疎長幼內也而何能顯爲聯也然而武周知之矣謂徒事于隱非孝也而不先達于隱又何以爲達于顯者精也謂徒事于顯非孝也而不達于顯又何以爲慰于隱者神也于是觀時與界

而使寶玩服物皆若載列祖之精神以出乎是廟中詳制而使踐獻畢尊咸欲奉一王之本
作以行蓋誠有不隔于隱不遺于顯者焉何也隱與顯無兩地也格隱與顯無兩時也時維
春也爰有祭時維秋也亦有祀丹楹刻桷煥維新焉刀訓球圖罔失墜焉服物盡於儀
象形也蘋藻筐筥思祈嚐矣而無隱不徹廟有祖也思其德廟有宗也思其功左昭右穆不
鼓紊也飲五飲七獻厥爵焉泣豐泣牲語事惟贊酌彼康爵知則然乎以[illegible]後祿者壽考也而無顯不通此以知縕
宗之心慰而臣子之心亦慰矣覩廟貌而本支百世皆列左右而依然顧此寶而秬信蒲穀相與上下而輝映
衣裳如照時旦華山龍華蟲藻火粉米以拜承趨走于兩階籩豆隨時也今且集於廬廣壯相于肆祀以來脩
雖於萬國而駿奔皆端人對越盡正士也逮夫獻酬交錯禮儀卒度諸父兄弟備言燕私何莫非於時食而飲
福消也分神惠也則甚矣武周祀典之隆也所以合隱顯而成達孝也

春秋脩其　二節

歲覆泉州府
學一等一名　施萬玉

一篇以萃字作骨

遠近咸萃幽明無間矣無以萃之則遠者恫于幽而近者恫于明矣春秋宗廟之備舉繼述稱善其以此耶今夫孝道之隆也神萃而人亦萃而已矣萃于神者以三者之精神萃之萃于人者直以祖宗之精神萃之神與人無所萃也而後廟中之物廟中之禮所以具舉者欲缺一不萃焉而不可夫武周何以稱繼述之善也吾蓋於其入廟告虔合萬國歡以事先王者而歎其無不備然亦周也而實無不萃也夫天下而萃為一家矣則以家天下者歆列祖而濡露降此時不得不以萃乎先海而萃於一君矣則以君四海者饗七廟怵惕悽愴此時更不能不以萃乎先者萃乎物是故待而是則有祭焉時而秋也則有祭焉夫祭者萃也萃則凡祖廟宗器裳衣時食之類靡弗當萃者脩之陳之設之薦之武周于茲其周旋拮据之際眷焉豆登之處髣髴見先靈哉嗟

萃之局克至此顧吾獨念祖宗萃矣而王假有廟豈之此濟濟蹌蹌者則神萃亦萃於祖宗萃
而咸秩無文必肇此雝雝肅肅者則人萃而典尤宜萃假使當其時昭穆無序貴賤不辨也賤小齒
也有一或忽則子孫臣庶之形雖萃于孫臣庶之心不萃而祖考之神亦不萃矣寧曰春秋孔明聿降
自天哉乃武周則有宗廟之禮焉有爵與事之序焉親貴別而賢否殊判之而愈以萃且有旅酬
之儀焉有燕毛之制焉子弟徧而父兄遍聯之而義弗蓋至是而益歎其無不備也無不周也真
無不萃也萃一己之精神以通百世而春秋奏假不留缺憾人以爲一也武周以爲居然人耳井
萃祖宗之精神以通尸下而思禋無墜彌覺詳明人以爲人也武周直深之以其先矣於戲此所以遠無
間于近無間于明而以繼述者漸達孝乎萃之特義大矣哉

上下關生自成結構如翔庆隨風綸常在手劍光交接器不離身其長史之草書耶

不由意言福論神味津津楷泉墨治

春秋脩其二節

歲覆同溪縣學一等三名 張逢春

即祭以徵孝情達於上下矣夫春秋有祭典之恒也然使上下有以通情達孝者應不若是此武周之繼述所以善哉嘗觀王者合萬國之懽心以致孝養亢規意所安之物莫不極其崇隆親心所杲之人莫不俟其款洽非迹之孝養之深情自不能已也至於易養爲祭而此情愈殷然矣武周之善繼善述於何見之痛音容之一睽悽愴君萬觸目皆怵心之事即使思其嗜好肅其駿奔式禮莫愆幽明終判然而難洽然萃精誠以昭假愾聞僾見隨在有曲體之思尚能肖其遺儀慕其錫類溫恭有恪人鬼胥欣然以交孚則試觀其前之行于上焉雨露而既濡矣霜露而既降矣祖考之形聲不可復接祖考之靈爽猶可復追武周惻然念之廟貌必修嘗新宗器

昭其世守。即致援尸奉豆。猶不忘問衣視膳之常。一日。馨香而歷ヽ如在。

矣。則小ヽ更觀其制之行於下焉。南向而爲昭矣。（北向而爲穆矣。）廟中之班聯不可或紊。廟ヽ之恩意詎

可或疎。武周實然。等ヽ之由親ヽ而貴ヽ。由貴ヽ而賢ヽ。即致飲福燕私。猶必朗切ヽ

老ヽ之誼。孝思不匱。而真意所通。恍然可悟也。蓋情之至者文自生。遷ヽ生遷遞嬗以

來。祀事幾與時爲變易。而形神之所寄。服食之所需。我先王先公猶是僾也。愾僾

之陳之。設之薦之。儀文雖備。要皆本後人之情。（以伸前人之情。）惠于宗公而罔或怨恫。抑情之深

愬者。自美分陝分封。而後裸將亦歷久而昌熾。而望沭於君。思遊訊於神之茲。同姓媾是情

也。惟序之辨之逮之燕之法意雖詳。無非推在上之情。以愜在下之情。故大禘肅而罔或愆

忘。撰揄几筵。時載祖功宗德。而情達於子孫臣庶。咸樂誼美恩聯。而情達於下。非武周之孝。其孰能若是哉。

不爲急言竭論。神味津津。楮香墨活。

春秋脩其　二節

歲覆安溪縣學一名五名　楊翥鳳

備舉祀典、而制治乎禮人矣、夫禮莫大於祀典、備舉春秋宗廟之制言之、則其通於上下也固宜、謂夫禮以達幽明、不得其本、則於神隔、於人乖、隔則忽焉而若忘、乖則又莫異乎褻焉而多畧、非制也、吾觀武周所制之禮、方其祠嘗之日、洞洞屬屬、進與神謀者、非無舊典可沿、懼其沒於沿而末由証也、則僾愾之意微、寧有怵而起乎、念茲功德之地、穆穆雍雍、退與人謀者、非無歡心可鼕、懼其有於鼕而隣于褻也、則愛慤之心散、寧無有秩而睽乎、夫羆蒿悽愴而莫質、肸蠁欲動而靡明、將何所依據以妥乎神示、有怵而起之、則有廟之脩、器之陳、衣之設、食之薦焉、盛德而難追、夫業可思而莫繹、又何所對越以肅乎人者、有秩而聯之、則有禮之序、爵事之序、旅酬燕毛之舉焉。

禮取其肖〻以形者日與習而適厭其形徵乎此者又將別有所寄而或參乎空〻漠〻會以求其一當而兩無所得則於形不得其肖者不於形亦不得其肖惟其閒默有以契之則形即寓其不形而不形即寄於形者而神之精著禮貴乎繹〻以文若習於亟或衹踵其例矯而過者又或脫而思去謂有出於秩辨之外庶幾其有合而均多所戾則於文不得其繹者不於文愈不得其繹惟其際深有以解之則文即本於無文而無文即本在乎文者而人之情以將夫惟得乎神之所憑依有肖之則修者其所欲脩者也陳與設薦皆其所欲陳設與薦者也而禮洽乎神矣於春秋而然即不於春秋而亦必然惟得乎人之所對越者而繹之則序者有以序者也酬者燕者有以酬與燕者也而禮洽乎人矣於宗廟而然凡有事於宗廟者亦無不然武周所制之禮不有可脩言之乎

歲覆晉江縣學一等五名 蔡殿馨

春秋脩其 二節

禮備於廟中神人之情萃矣夫祭所以萃神人之情也觀春秋宗廟之所行武周之制
禮不綦備乎嘗思一人之於祭也雖萃能萃衆萃一己之精神以萃祖考而祖考之精
神萃矣萃一己之精神以萃衆人而衆人之精神又萃誠意迴而禮制以詳則惟其新萃也
惟其故也亦焉萃從其同萃從其異而亦無非萃焉言乎有惟其新有惟其故也而獨不聞
武周之行于春秋時者乎吾想夫仁孝之思所謂從視聽之恍惚以交於神明者何時不切於
夢寐瞻廟貌之巍巍又已追維乎澤欲進筐籠而無由奉飲食而難通者矣矧且乾雖故
而時序維新也值霜露而愾音容之渺使我文考而在未有不剗摘丹而河以天
球備其物啓笥授衣而薦豚黍稷冀其歆者豈至於今而或有二心乎

别有一
禮儀皆
之味沁
人也胖
任他羅
列備筵
鄰敵有
物

仍其故焉新者悉循諸故故者忽呈其新焉為新為故皆武周之
萃祖考之精神不得不脩而陳之設而為之如此也而祖考之精神一萃於斯言乎或
從其同或從其異也而又不聞武周之行于宗廟中者乎吾想夫肫懇之衷於謂合
萬國之歡心以事其先王者何時不歷于淵默念公姓之振振又已與諸藩案欲合
才技無不適之嗟若少有安樣之慶矣剡駿奔雖異而對越則同也撫同執一者冠裳
之至使我文考而在未有不分階列級而貴貴賢賢之殊其等卒事聯情而幼幼老老
備其儀者豈至於今而或有殊制乎是或引而同焉或分而異焉同者不得不流於異異者弗
獲清於同焉為異為同皆武周萃一己之精神以萃衆人之精神不得不序而雖之逮而
文序之如此也將衆人之精神萃而祖考之精神自無不萃矣非善述孰能制此而滿至乎

春秋脩其　二節

歲覆安溪縣
學一等一名　潘思光

臚陳祀典，有神道而人道體之者，有後人而前人聯之者。夫祖神矣，而春秋所舉，則猶人之也者。彼宗廟之禮，秩在後人，不居然前人意乎？且言禮之家，動曰人道通神道，通於上下。今吳大祥，則以爲後人實踵事增華焉，抑知命降祖廟之謂仁義，不撫時而頌厥其靡悉者，不可紀也；不盡制而偏覩其澳焉者，不可詳也。盍於善繼述者之禮制稽焉？當纘緒成德之時，蘭饗孫保之會，式頁而九有矣，何難極華移以大崇飾？所疑者，陟在庭而昭在上，先王已全乎神，而猶需服食器用也。夫春露既濡，蓋云修也；秋霜既降，蓋云怵也。人情閱時舉而猶必葺墻屋、完器用、飭衣服、具珍膳，而曾於神也而忽之？是故重檐複廟，壯皇居也，而豈於都宮則脩；天府玉府，供玉瑱也，而施之於几筵，則陳司服專官，膳夫重玉食也而準之於守祧通之於遷組則設且薦是則撫時顧養神之人道體有如此者駿奔而萬國矣豈不入廟中而觀境內所興者麟有趾而風于之先王自後人而思紊其學果小大也乎夫宗以小大明有主也廟別與陳以本仁也當之旋仁發政亦惟敦宗盟咨言敘順少長習威儀凡我後人宰殺烝是詔左陽右陰明父子也綴之序焉而衆著於昭穆矣迎牲不迎尸明君臣也通乎班次而衆著於貴賤矣灌獻登餕合族以食重材隱僾歆格也合之於酬酢申之以飲福而衆著於賢賢幼幼老老矣是則盡制備類後人而以前人辟之有如此者

立筆如山下字如鑄不圖正始之音遂鮮正嘉而上。此真先民準則臺閣風規也無此根柢而作即板式敷應制體昔偶耳大雅久不作斯人尚典型不禁為之拜節

春秋脩其 二節

歲霞平 □縣
學一等 □□洪分

祭禮通於神人，得乎萃之義焉。蓋神人合而後祭禮成也。此武周之制禮，義有取於萃乎。若曰：萃者，聚也。聚祖考之精神，即以聚子臣之精神也。故子臣之精神弗聚，祖考之精神惡乎聚？祖考之精神弗聚，而子臣之精神惡乎聚？此其於吾得於武周之祭禮夫。祭有親疏大小上下以萃斯神者也，所神所憑依，將在祖廟。設非宮庭有恤，神弗棲也。球刀有闕，神弗格也。繪繡不備，神弗依也。羔豚不行，神弗享也。則夫值春秋之既屆，當入廟而儼然，凡茲脩而陳，陳而設，設而脩焉，有已。而當非人道也夫，亦以人聚神之義云爾。然自是祖考之精神聚，而親疏大小上下之情申，之俱聚矣。何者？當其廟猶舊而器猶藏，服在笥而物未改，凡我子臣，或以無所觸而不生其感。一旦睹廟貌之巍煥，猶重寶之森列，裳服如故，時物已新，間有倫失其序者乎

秩越廿八次者乎。無有也。問有道藝能志卑切忽黃耇者乎。無有也。則惟此廟中之所為
其遠者。洵乎中之精神聚而人之精神亦與之俱聚也。是知神與人通。萃祖廟之陳者設之薦
者。皆神道而非人道。而實由承祭之致謹以聚之。萃宗廟之昭穆者貴賤者賢者知者其藏
道而非神道。而實由祖考之來臨以聚之。故曰聚祖考之精神。即以聚子臣之精神
而後祭祀成。此萃聚之義也。

楷楷鈎環貫串之之全以無心入以坐九疑望三湘疑有仙乎之批語

故君子不出家而成教於國

鄒持雅 庠姓華

國之成教有由不出乎家而已夫國之本在家君子之成教於國寧外乎修身以教家哉且古大人自修身而後已有不難於教國者謂其教已成于家也夫家與國異則似教之所施必不徒及于家而遂可徵於國然其一成而不易者固不得離家而言教矣如其家不可教未有能教人者夫曰教人則教於國也曰能教人則成教於國也而不可教家者將何自而成教於國哉吾於是穆然於治國之君子君子知教國有其本家者國之本也君子知成教有其原家者成教之原也故惟以好所當好惡所當惡者使家之人各適其情而君子

若專意於其家焉惟以好而知惡惡而知美者使家之人各安其分而君子若無意於其國焉惟其然而君子之成教于國從可知矣何也教固不出家也以國視家地分遠近而教不以地之異而難通也風聲所樹咸樂德化之觀成而君子則祗此宮闈數端有以兼綜而不遺焉耳以家視國情別親疎而教不以情之殊而退隔也儀型所著咸奉我后之曲成而君子則祗此門內數人有以範圍而不過焉耳是不必舍近而圖諸遠而審通之外別無治功并不待由親以推諸疎而親睦之外更無要道就教國以觀君子凡其勤宣德意以同於四覽者原自見規模之大備而就教家以思君子則其刻勵躬修

以施於一室者早已握感孚之大權雖以君子之心而言方修齊之日祇欲其可教於家而昔嘗思成教於國然以君子之教而責則成教之準方且必本於其身而宰或反出于其家是可知教家必先於教國也教國必由于教家也何也家國本無二理也

出落有法佈置合宜　原評

不寫家國相通套語顛倒剩換承蜩弄丸　自是華亭嫡派　方山

故君子居易以俟命

秦大士

職思其居君子不謂命也蓋命即在易中而實出居易者之意外
君子惟盡其居之之道以俟之而已此素位不願外之實學也且
夫人生於高天大地之內蓋無在非坦途也而窮通得喪實有其
自然之故以位置之使遊其宇者息心微氣於中而不敢見異物
而遷焉此豈大鈞獨私一境以為仁聖賢人之歸宿謂是表異於
庸庸萬衆者哉吾觀君子之無怨若彼自得若此而識其故矣理
與數同域而居苟一息之尚存此生有難弛之擔處萬難而自立
彼蒼有眷顧之忱報施之說儒者不言冥漠中罔有默操其券者

此亦足長孝子忠臣之氣天與人不並念而營盡其在我內謀祇此成性之存定之自天撫躬但當順受其正履坦之貞幽人本吉恬澹中閒有悠靖其緣者此實足徵修身行法之功蓋位之中皆易也君子居之位以外皆命也君子俟之則第見其居易以俟命而已矣人倫日用理道曾不關一顛躓之塗矣我之所得為與我之所當為者皆易也審此而履信思乎順艱阻不生恬適之衷安土敦乎仁崎嶇不窘深潛之步而究之精微之畫顯道自彰玉門撫琴而鳴鳥忽聞東山著書而風雷告警豈有爽哉而一揆諸安常處順之心不敢謂修之則吉也仍求其宅之無曠爾矣學生王

成大造實各界以康莊之路盍我之所樂爲與我之所難爲者皆易也務此而神明貞於所遇朋從息而泰宇常寬蹈履本於所安憂勤深而俯仰無愧又況乎感召之機微妙渺莫測盜跖不義而東陵壽終伯夷求仁而西山餓死此可解乎而一衡諸慎修思永之學不敢謂殃慶之爽也益求其藏身之固矣且夫君子非有意爲是淡薄也悔吝吉凶之旨體認于動靜之交故雖食報之圖不縈擾蕩平之寤寐而得者其常失者其變居易中之研說精矣豈敢以功能之未殫諉爲氣數之不齊所爲以至命者俟命而不使暴棄者藉口於天道無知消長剝復之幾幾固於閑存之宰

假使謀利之念微岐入正誼之心胸則施者稍謬受者皆偽居易中之洗鍊深矣豈敢以人爲之未盡謬爲謂造化之可憑所爲以立命者俟命而可使循理者自信其宅中有主正大而天地之情見易簡而天下之理得此素位不願外之實學也然而不知命者多矣

精理達以健筆傳以鴻藻絶似幾杜前輩得意文字　原批

亭亭玉立他人奮臂瞪目言之者此獨蘊藉出之諸葛君豈非名士　[illegible]

故遠人不服　二句　　張江

國家無以遠人為患務增脩其德而已夫文德豈以為遠人而脩之
則來道固然者是故不患其不服也曉冉求曰王者無以天下自利
其子弟孫之心而未嘗隘其家天下之量此兆勤遠略也所以驗吾
精神意氣之通而務求詳于內治者也蓋能盡乎其為國家者而遠
人亦莫外焉國家何以無貧無寡無傾如是凡以均安和三者文德
也有奉若天道之思焉體統分誼不容假易其勢能使中外所隸恪
共其職業而無敢干有體信達順之理焉徵欣流通及休祥其極
至於血氣之倫咸勤其尊親而無所塱故觀遠人之不服則固慓然

于文德之不足而汲汲乎修以來之也訓詞有顯數之謨洮出昭之
齊也朝聘會盟其志肅然後其義章焉夫之綱之紀之為國本也有
修而布者矣本立而文行訏謨遠猶皆以宣國家德禮之精維彼遠
人豈不亦自有君臣上下者而若弗聞哉聲靈者赫濯之家洮休明
之應也禮樂車書其氣盛然後其數隆焉夫無怨無惡之為人情也
有修而達者矣情深而文明五行百產亦以徵國家德意之茂維彼
遠人豈不亦共此大地山川者而若罔知哉是故鶩廣而荒遠求所
以來之者中于富強之称也有基而壞不求所以修之者忘其本根
之計也先王之于遠人也不忍擁甲兵之威而迂濶仁義悝貽匿文

覩武之蓋以為我國家所期乎保世而滋大者原不資遠人以成富庶道固有止而各得者焉不敢仍陵替之舊而踰越典常懼召四方隣國之侮以爲我國家所號稱秉禮而度義者亦即于遠人稽其嚮應道固有反而自責者焉蓋其求詳于内治者如是所由盡乎其爲國家而遠人亦莫外焉者也是故不患其不服也

遠人不服即其内治不修處集注首二句正發明所以當修文德之故味然後字自明蓋上節只虛言有國有家之理引出此節以見遠人不勝服宜亟事均安不必患貧患寡勤兵于遠因上對取字下對謀動干戈故曰文德其實只是均安做出的夫字故字則

字緊承上文一直赶下方合語氣　自記

從上節勘出文德二字看書獨具隻眼題中故字則字與上文夫如是緊相呼應認得真勘得透沉鬱頓挫光彩奪目　尤南吉

故觀於海　二句

更即海以例聖之大觀者若失矣夫孔子之大猶海也觀海而水皆小矣況聖言乎昔孟氏得願學之宗而欲天下共知其難也曰讀學記參川之義竊嘆聖道猶水也而洙泗一派實衆水所朝宗若是者其源長也使源之不長將能使臨淵而羡者歎觀止而瀾泗從之鄉則甚矣孔子之大也惟其大而孔子之為孔子必有可觀也惟其大而天下之見孔子正不易觀也更以海論夫人平居所見不過數里之間澗溪沼沚泳之游之潢汙行潦挹之注之因是所以之曰天下之水皆小也非皆小也所見者小也迨夫陟碣

石歷河灣洞波萬頃顥涵有奔騰淜湃之形因不禁興然失歎歟曰茫乎不知其畔岸也浩乎不知其津涯也此何以故哉惟海之故惟觀海之故而況孔子者德本古昔源遠而流長學宗群聖積深而澤遠一以貫之我先師孔子聖人也彼百家諸子欲以行潦之細與海若而爭流是特未嘗遊聖人之門焉耳苟行之乎仁義之途遊之乎詩書之域聽其詞術術有規矩不敢放言高論說必稱先王而後嘆聖人之範圍無盡也登其堂見其車服禮器察議論之宏辨觀蘊蓄之精深與其一時之諸賢士遊而後知天下之文章萃乎此也故人而不遊其門則已苟遊於聖人之門洋洋

乎大觀也哉尚何言哉雖有川使尊有口使言而試問刑定之功猶
有繼馬者乎易象春秋之書何爲至今不作也縱好學之士心知
其意要不過杭大以一葦測廣以容刀已耳其爲言也豈不難哉
則甚矣聖人之大也彼觀聖而不知聖之大徒爲望洋之歎無益
、、、、、、、、、
也徒爲臨流而嗟奚裨也

勃如戰色

敬形于色，有悚惧不遑安處。夫天子之執圭，執必蹈等于戰，足以見色之變也。如之其戚不亦甚乎
嘗觀夫子出乎計慎，齊之外顏，惟戰而後，夫子而嘗臨師鞠旅之時，其謹凜于心而見之
于色者，不忘以朝之乾惕，而有大畏乎其常者矣。試念其危于天子執圭之時而發
者，逞其氣焉，一如鞠躬以及九攝以接，是身居之端之固有，指重非兢之防而手容之
容也，復其斂而不謹之態，使于此而輯柔不敢，并改其從容和平之善，不亦可以昭肅
心而無攝君命之身，而以夫子之集，則又見其肅者，蓋敬存乎心者周，久之無或懈
矣，而震動之懷，恒時抑于方寸之中，則戰之形于色者，益不覺之有戾色翼而肅嗚
者，自修至肅于韻面之間矣，就夫之肅如焉，思之戰列，八之豈必自備無成而止

大宰衛不撤之思見以玉帛而未嘗見以干戈亦已安矣臨于西陲之情一君也
無意此一者也議將命不辭于鞶嚶一君國之存亡晉侯此一者也而封宗無矣于
而一君弄兵穀朕相鎮撫其社稷者筆諸丹青垂鐘之屬而增之者林

[illegible]

丁丑 小題

李廷勳

勃如戰色

擬執圭之色而極恐懼之深焉夫色而至于戰則變之至矣乃執圭之色如之不已極恐懼之深哉且鄉黨記聖人色之敬也僅知一則曰勃如再則曰勃如特是承君之名猶非褒禮之隆過君之位猶異于獻賜之重故弟誌之曰勃如而已至于執圭則尤見其如戰色焉夫圭璋特達則玉色可以揚休而何以對大賓而色勃也介紹相承雖致敬可以成禮而何以當揖讓而如戰也匪實敢俞加皆用之于行禮亦用之于戰勝敬齊明行異于詰朝相見也雖酒清而人渴而乾而人饑亦何莫非我昭兆敬之遺而色其小焉者也敵讓相接者

脩好于玉帛即弭患于干戈故相屬以禮史難于相親以兵也凡三揖而后至三讓而后升亦何莫非步伐止齊之道而色其著焉者也當穆穆雍雍之會一失其色將貽宗國之羞則如戰之有戒心焉況親拜廟受之時少差其色亦忝命圭之重則如戰之有重慮焉其事則挑至也而色如嚴于軍旅其麗則圭璧也而色如重于戈矛其地則庭陛也而色如迫于疆埸其列則班聯也而色如見于行伍豈必踰閑越之憂而召戎兵之釁然見其勃如也甚則恍若挹興戎之慮也豈況示容容之儀而務警備之心然勃其勃如者則儼然爲甲冑之容也事而懼謀而成戰固宜深其惕厲而不忘周旋揖遜亦若鋒鏑

又從戰字說起脫注方變

之當前好以整好以暇雍戰揄示貞遜容而仁意當戶交賓友若無

以之既接陳五玉之儀豈至同于拾矢而通兩邦之信何以不會交

綏由是推之懲儀之恥侔于賦續辱命之罪等諸喪師禮儀卒度且

如戰勝于廟堂容止竭愆即非折衝于樽俎矣而安得不如戰色哉

題話已極形容文安得從從作恐懼之色耶際貼戰色處發揮愈

覺新警奪目可以突過鶴灘

指其掌

蒙太尊取錄 考童生一名 汪志高

深于禘者于掌記者微窺之矣夫明且易者莫掌若也夫子見之於所指殆欲人深思而自得於今夫禘大禮也夫子心知之而不輕指其說以為天下告蓋其義深遠誠非語言之所能罄也然說不可傳而以意傳意所欲傳而以手傳吾當從旁窺之而見聖人於此又未嘗不顯然示人于耳目之前焉知知禘之說通於天下夫子之所謂斯者何哉夫斯固非虛而無據也以厥初之生民而一氣可以感孚則知之所及無微不徹會心當自不遠矣抑斯亦非濫而維繫也以崇報之深心而應感通于冥漠則知之為量所包甚廣當前舉之邪

是矣第見神之所契中不能言心之所會而形為之末一若物情雖賾知格則無乎不明不明指吾指頤間也一若機務雖紛知格則恕之甚易有存吾掌握內也維時夫子蓋指其掌之天下之可以反掌治者尊鄉尊而已矣蓋人即知尊始祖之至始祖之所尊誰為追念而不忘胡然而五年一行之際盡物盡志即教宇先生亦不敢進而躋東面之位其指况有深焉者也明乎此而子雖齊全不先父食由是而諸侯而贊相大夫而駿奔天下之人莫不共凜于所尊則其治不直如反掌易也乎而尊有殊指焉天下之可以運掌理者親所親而已矣蓋人即知親始祖而至始祖之所尊親時為溯本而推胡然而

太廟九獻之日焄蒿悽愴即至聖曾孫亦不爲之推所自出之帝其指自有數焉也明乎此而致愛則存致慤則著由是而錫類于萬古廣仁于奕世天下之人莫不各厚乎其親則其理不即在運掌間乎夫寧有岐指焉是故振古以來所未明之典禮耳聞者意或目覩者心疑自夫子一指其掌而知然明原無二理爲其精神上感乎祖宗則普被遠施雖四海之遙運之一心有餘也故足此達彼而理不外于目前即以或人意中所難解之義蘊設口而詢之側耳而聽之得夫子爲之指掌而知微顯豈有二致爲其志氣遠孚乎百世則類族辨物雖萬國之外現之廟中瞭如也故見微於著而道無過于近求

然則有夫子之指掌而禘之說萬古為昭矣。

題是記夫子示諭斯形狀言能知禘說其於治天下不難從

觀字數旨從指掌中臻擇精選句句合章意句句是本題出

綴高華典雅氣象堂皇正大宜拔之以魁一等　原評

郁郁乎文哉

陳府尊歲考首

田第一名　鄭王臣

贊周文之盛，情餘於詞矣。夫周之文，尚極盛矣，郁郁一嘆，夫子於周文不有餘慕也哉。嘗思文明啓而運會日盛，文物興而氣象日宣矣。故三王雖不相襲，而三代亦如相因，詎以酌千古之道而立萬代之隆也。聞嘗仰覘始代，而竊嘆其規模之巍煥，幾足侔造物之英華也。己周之監二代，何如哉！纘禹服而開基，徹田善于貢，設庠序于校，不獨經營絡荒作之緒也，則典章明備，經天緯地之初，自教盛于數土。奠山之世，代湯孫而受命，疏疆集而集器，仍箕子訪而洪範陳，不獨制作有衰隷之才也，則創制顯庸，鳳嘴搭搴之日，自教隆于東西焉。

素之時我儀圖之都之手文裁国家制度之隆經营久而其華自显
周自高山天作之後都鎬都豐西土已行其畳錄豐灃營澗東都更
爲其昭明都之手明堂欽藻火之度等於皇者袞𣃩雍式鐘鼓之庚同
於儀隆迄今旒冕昭黄裳之華千國蔿發揚之象其文不赫之盛耳
目我朝廷創造之盛揆襄詳而其美自彰周自邦鄙定畧以來文謨
武烈至君既建其綱紀周左召右元老復贊其經綸都之手周官三
百六十𨊠於雲龍云制周礼三百三千隆於漢盛之風迄今誦詩之知
二南之化讀易見六文之揮其文不惶之炳寰區哉是故文之燦陳
爲緣於朝廷而達於里巷農夫飲蜡田間亦有風雅之遺我御道經

師中亦有詩書之氣而外史氏掌五帝之籍大行人協四方之辭又無論矣文之肸布者溢乎中国而施及蠻貊指南有車重譯亦欽帝制之尺度旅獒有誥異域亦仰天朝之禹甸而列卿之賦詩贈答作国之升歌合樂又無論已綜千年之治以為治善創者由于善因道未墜也令天下尚知文武之政合數朝之法以為法能述者斯見能作文不在茲乎小子敢忘憲章之恩郁郁乎吾參閱其奚從

沉酣經史卓卓不羣美髯公直絕倫矣

第三十八冊　卷一一五

9-14

若大旱之望雲霓也

鄭之惠

大賚狀望仁者之心其迫之也甚矣夫大旱無雨且將無歲望孰迫而吾以為望仁者似之矣孟子曰吾所謂湯之始征而四方之民之交望之也使望之之心而或姑聽其倏至倏不至之數或相歧於可至可不至之間或今日不至而可需之他日或此方不至而可移之他方此皆未足以形容其迫切之情也其若大旱之望雲霓乎夫曰大旱則旱非一方而四方之亻雨也又非朝夕矣夫曰大旱而猶望雨則苗且立槁而雨之能振槁也今且萬一矣萬死一生介在呼吸則情迫而望迫雲興霓止決於須臾則慕深而怨深未至而望吾懼

逐股逐句逐字相逼而生

真全我處於

處接

何云一層深一層

微望雨出

迷離雲幻寫

望字中說

工在畫雲霓

尤不工穩

折開雲霓寫

兩反

非雲將至而望又懼為霓為雲猶可為霓將若何蓋望之切而疑生

出望字神情

疑之深而望愈切矣容雲不雨我心更切見晛曰消我懼彌深為霓

不摧為雲將何時蓋望之篤而慮深慮之久而望愈篤矣貧人感幾

望字義淺

於絕望曰將無雲富人貪無以自慰曰將無霓雲起於彼則幾幸其

分兩種人

映東而而法一句的是

移而之我而又慮雲之忽變而為霓霓見於此則又幸其移而之彼

後我神情

而又望霓之忽變而為雲不必其我至而遙臆其必至預料其必至

而猶恐其不即至農夫望歲情有必至者民之望湯亦然

批二成雲霓二字化化尋寫後半神情遂於變幻百出而章作文必須辯清於間點面法之

若決江河

崇府尊興安月課第三名

聖心有感通之候、即水之決者可擬焉、夫水如江河、亦至虛至明
也、而其決之之機、不可以擬聖心之感通乎、嘗思萬理之渾淪
也、茫乎不知其所極、浩乎莫測其所涯、乃一有所觸于心、而其
動也、不難以立決、蓋虛明之體、靜以驗其淵涵、當即動以覘其始
始達、是又可罕譬而喻也矣、深山之舜、其聞善言見善行則何如
吾思舜也、濬哲文明、具重華之德、開樂善之懷、其本源固已宏深
其名理早徵洋溢、至於由寂而感、善與善和、不可以相決者機乎
夫天下之決而虛入導乎者、惟水、閱嘗矚覽宇宙於水、見江河之大

緊扼

逆字醒出

頌推

惜如影達

且深沫未嘗不嘆為極天下之大觀然吾擬聖心吾試以決江河思之今夫江河之情源而出者虛也江河之潦盡澄清者明也至有似乎人心之感通有決之際也天下之隘於翕受者無恢宏之量其源早虞其立竭斯決之亦無足借觀若江則發于岷山河則發自積石橫亘千里亦為百谷之會歸發原遠而容納宏虛莫虛于此矣一旦舉所儲而決之豈等於翕受不廣者乎典則本虛受之衷懷于田而訪之野人陟位而詢之才子其會心於至理亦若是也已天下之阻於壅塞者無空洞之體其流方恐其相混斯決之亦無足借鑒若江為地脉之發河為天塹之雄派別夫分非

同川澤之納汙周流永而條理殊明莫明于此矣一旦因其澄而決之豈等於壅塞而滯者乎舜則本明通之智識精察既周于倫物四達以大其聰明其有悟於善端亦若是也已蓋蓄極則必通江河之勢蓄之為已極也順而導之而滔滔者即於泆〻沇〻之中所已具以舜之從善如流是未決而有決之之象也何不亏〻江〻而可為徽會抑機動則必遷江河之性動之為已甚也踈之瀹之而洋洋者即於渟滀之中而可想以舜之虛懷若谷是時被決而存決之之情也庶幾然江河而非不於倫〻〻之而沛然莫之能禦之〻即聖心之渾然〻莫之能測也祇幾〻希之異而感通之妙有如此

決字添看

七〇

正喻分明机調圓熟

正喻分明机調圓熟

時藝上乘[illegible]

[illegible]

性理工程行世[illegible]

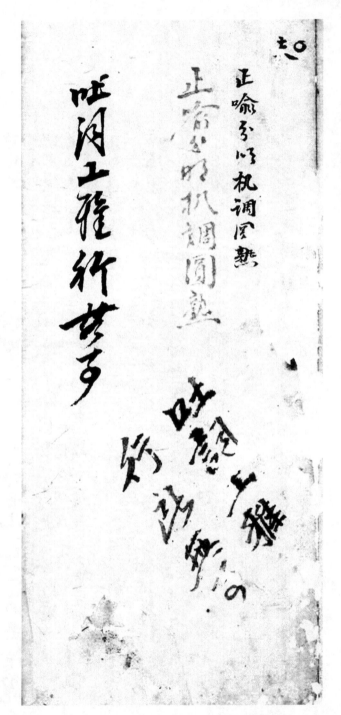

若是乎從者之廋也

以廋疑從者其妄甚矣夫從者豈是廋屨之人哉或以之疑從者甚矣其妄也若曰自吾君之好賢也上宮之地各有專司故賓至如歸不患燥濕而亦不畏寇盜從未聞有意外之防以貽館人憂者乃今一旦而爽然失矣異哉牖上之業屨館人求之弗得噫業屨也果安往哉物非所甚貴館人亦漫然而置之豈其有踈虞之失地非處于不虞館人亦晏然而安之胡至蹈慢藏之譏是必有廋之者而試思上宮之中夫子而外其貿貿來前者豈伊異人實從者也若是乎非從者之廋而誰哉想從者之侍夫側子也關山險阻之身葛屨行霜未

免退而自憐而姑爲舍舊而圖親也然而鬻于市者固多也胡可廢也想從者之偕夫子遊也擔簦躡屩之際納屨踵決或亦顧而無色而聊爲飾美而增華也然而售而取之則可也廢何爲也惜也從者之失計也得此未成之物應亦棄置而弗用而反博此不義之名也意亦深用悔矣惜也夫子之無策也卻彼萬鍾之養疑爲一介而不取而竟聽其非分之獲也意亦行自咎矣以金盡裘敝之年而徒有此一屨曾何足壯行李之輝以鳴琴匵劍之子而偶飾此一屨亦豈遂彰采齊之然噫一屨耳在館人固所不惜但從者爲誰乃吾夫子之從者也從者已矣其如夫子何

恰是或人嘲誚口吻　曾振先

從者是孟子從者豈有廋屨之事若是乎三字疑之寔誚之也

寔寔領取若是乎三字之神可云虎頭道子復出　黎朝初

若是乎

苟日新　三句　林瑞岳

誠于自新者，亦問其功而已。夫不新則已，苟日新，而問其功，何以異于不新者。湯銘
取三致意焉，謂夫今之自治者，始患其志之不銳，繼患其功之不繼，志之不銳無論矣，
其始銳矣，功之不繼，亦何貴乎其始銳矣。去今僅鑒于盤焉，天下事莫不有其機之
之發，過此時者不容自已之機，則此機不可不遂圖也。天下事莫不視乎加之之未見
及此時有鮮其終之處，則志力不有不永去也。前之塵垢不必言矣，苟一日者之新
若豈而勤其日，吾身而昇之新也，而且弊積于昇日不昇之澱，空塵雪滴諸語
即今日始已，從之汗猶是此時矣，苟一日者寔操而相能改也，吾有身而去之
而獲洪倚于此，不可也。洗滴汗草而習調，自今日始，則能毋負于新者乎。

之謂也夫心砥礪而志復而稍與熾其新即垢之中來繼自今滌爾塵雲

職之十年限于半塗而日復一日積而發舉雖然能長於自新者又孰能

之謂也君道先已更新而外之問其新當如震之初出繼自今滌爾污垢

國家之所以有志于今所為與日無窮視諸聲盡前此之污染尤有以洗新之

者之舉贖其咎而後此之情不能以偶爾之根拔謝其愆故是已新之日

而猶作未新之舊積而念之偽縷以一念之剛集而亦不能萌一念之私補以為

念之真誠而不足新未新之形影其丕變而已新之後積年其固常若者仲

德請帝曰德日新萬邦惟懷也以銘吾體

合

苟以是心至斯受之而已矣

求道有是心受之不容已矣夫使求道而不有是心斯不必受矣苟以是心至即受之可也且夫人必務為寬深之量而不繫其心之誠不誠道即以教相受豈君子之心哉夫君子者亦欲觀其人之心為何如使其心有殷殷向道之誠而必漠然視之諒君子不如是之刻也如不追不拒夫子之設科有然也欲冀進乎道其既往以徵而立法甚嚴則雖啓迪為懷而向道者亦望而生畏矣教甚虐亦拒其將來從徵而待人過刻則雖引掖為念而慕道者亦却而不前矣乃夫子則不然苟以是心至受之斯不容已矣夫心一心指天之賦與也哉

文頗得勢

為物欲所蔽而不知以是心求至此不足受也苟有入焉以是心而
請教以是心而求道則夫子受之亦惟以至公之心待天下耳而豈
有他意乎抑心之有入之所具也或為風氣所拘而未能以是心求
至此留不可受之一苟有入焉以是心而來學以是心而親炙則夫子
斯受之亦惟以無私之意待天下耳而何有容心乎凡入有自棄之
意則雖夫子以樂受為懷而彼不知也若能去其從前之非而勤〻
于求至斯將也夫子蓋甚樂其入之有是心也必受而無疑矣誰
不樂其教育之弘哉凡入有怠慢之懷則雖夫子以願受為心而彼
不悟也若能奮其自新之氣而切〻于前至斯時也夫子亦甚欣乎

學者看得精切

樸實有致

○○○小人耳惟王之政○顯于民之相足而成○于民之相愛惟王政之及人食○民○其租在力田之際○而其精即在孝弟廉恥之間○仁耶否耶○吾益悠然于聖人之治天下也○

吾益悠然于聖人之豐熇火熇號嵤

虽各下寒吉推以豪傑之耶

名之之

㝗仁與耶否

恂慄也

敬存於勿懈、繹詩而如見君子之心焉、夫敬之所積、而恂慄之生、[illegible]至、君有

哉、此詩所由表君子之心耳、今夫自治也不密、則其操存[illegible]、持之中、此心已不免[illegible]

間矣、惟存之有密、而不弛、而惕若之哀、自保於[illegible]之際、平日功力之所見、[illegible]

其得止之所由以著、而明可受、此詩所謂瑟僩兮、[illegible]臻畏者、[illegible]於自肆、哉、[illegible]

斯言、所以、[illegible]恥、故趨之參[illegible]平且情、惟絶無可寬假之時、一息忽有尚[illegible]以自[illegible]

韶圓、所謹、其心固、所[illegible]耳、故勵之深、精而且明、念[illegible]在非見、之際、一是惟存之

所[illegible]哀懼、信覺其有加、[illegible]之初忘、而競業[illegible]形、其無疑、君子之恂慄也、身心[illegible]知之

不自覺其耳、而時、屢、[illegible]、已不勝其[illegible]矣、不知者、謂其[illegible]已、若[illegible]其莫[illegible]其[illegible]中

而[illegible]、莫知、君子自學、修以來、直、已臻、嚴密之境、而心念不[illegible]、在之、有[illegible]、深[illegible]傳

[illegible]惟、其不敢、乃以不懈、在君子固不自知、而當日之親、承于其下者、極[illegible]、而志高其[illegible]

忘年之間、甚長[illegible]耳、而日切、驚惕、或轉、較多、[illegible]矣、不知其知、而隱微之[illegible]

求游於道獨而意不加緩君子由學修而及且遠以逸豫之致而心和寧恥息之抱畏天敬人之相

方之策尤迴於自持在當日已見其心而及今之風誦籥章者經尋繹而悅者有會也人情猶有

望之一念便毅少恕於繁布而篤善學者勤若有髮爭之惧而志修者紀陸羽惟屬之

初非易畏葸者之不克自牽也身既期為俯仰無愧之身心行是為俯仰無愧之心望之焉哉

之端總而競惕倍深君子亦何念而敢自足也彼人情即或自克於一時未免戒慎于有

弗乃學不已者深乎無可安之志修除純者恐其無自釋之懷并非克艱之難用自驚也

一身為理義所屬之身即以一心為理義所屬之心乾乾焉兢惕之念愈而愈若更勉焉之

何以而非自克也歟嗚呼此其所由乃上也歟

精神周匝學力迴旋老手也

是天子而友匹夫也曷今日之匹夫而居然終居耕未必非他日之天子

乃黄中之天子而聲應氣求何不知日中之匹夫

友下及于匹夫忘其為天子也夫貴莫貴于天子賤莫賤于匹夫也

而乃與之相友克誠不挾之至乎今夫友也者分相齊而情相洽也若至尊無對方且挾相懸之分安有結締交之情乎乃忘形勢而慕道德而有聲應氣求之誼則友道之隆不由此極乎如堯之於舜而迭為賓主夫堯天子也舜匹夫也堂陛至尊嚴矣奚肯與側陋者切信行之雅草野至疎賤矣安敢與崇高者結締好之交乃以天子而友匹夫矣吾聞諸堯舜則有然云天子之權甚尊雖三公九卿猶且北面而修靖共之職何況于匹夫而堯則曰彼其畎畝間常有元

此誠

比擬

德之升聞可以與共天位共天祿之模也而安得不捐形迹以相從（結上文）
天子之勢莫京雖庶司列辟猶必下拜而凜帝天之誼何有于匹夫
而堯則曰彼其在儔人中獨有重華之盛德可以為我師為我友之（束上文）
則也而烏得不極情文以相奉蓋堯與舜有君臣之誼君臣也轉而
為朋友此何為也耶意以彼姝者子其德足以輝映我也庶獲因友
之相洽而啟其機而奚敢驕以九五之尊抑堯與舜有甥舅之親甥
舅也忽而為朋友此何為也耶意以彼其之子其德足以比勳我也
庶可因友之相投而邀其眷而豈敢傲以萬乘之貴以天子而不挾
（遙遞下接）
何況ㄏ有國有家之貴以匹夫而不屈斯越乎上交下交之形是真

不拘之至而為千古之極則也

處處是通章結構便高人一闊地之情亦深秀可愛

是故哂之

明所以哂之故知禮讓之為貴也夫夫子之哂由豈無故哉由豈所而自明之不可知言之貴讓乎竟之為曰之

之季者亦之但一欲于由而其故自可得亦不及于由之學所未之但欲于由之言動而其故亦有可知矣吾於由之言者之

固不求其有所哂之端而今竟不能諱其所以哂之故矣如禮之所以為讓而由之言不既其於讓矣乎言之本於遜

卷之宗以英華外發由固形其術雅之雅度者而於于性之有相契之謂則出於和順之休則直任不辭由

其所以秉性者正微觀其所不免由之所以可哂者其故非在是乎吾之所以哂由者其故又寧不在是乎矣語

日用之常特出之無因以之者必有所為解謂其哂人也或藏其故于無形焉若吾之於由其故不明可見乎矣

由之言而務者之心而當作者之心自宜思由之言其人雅以退乎而尚往直前矣而特之氣象係露於時言一言之內者

其深思其故而釋然無疑乎吾矣嗟笑亦師弟之情特發之無謂以之者必有所致疑謂其哂人也欲求其故而不得者

若由之於由其故不能言者指乎是由之語既宜而吾之意遂詢吾之意即未解而由之語已自呈吾言之隱皇

知其然矣此際之性情達吾於同堂對之際吾夫亦可細得其故而恍然有會于由然則諸

亦有者年使有吾所哂之即未有可哂之故而先存一哂之見由即其誰乎尚亦哂先生之失

若設一面之想而由不考開一面之途歟吾之下不禁情傷而色動而吾亦何所為心撫循者之而油然

十五

然矣者乎蓋愚以為之即隨有可為之故亦大異乎不為之際由川者後乎人亦為先生之心

為吾未嘗外之以為臨之境懷而由吾未嘗三十我以不為之際片語之際自爾情動而意移而吾又何為

御念以者之門以為由者寧別有他故哉

是焉得爲大丈夫　三句

廖德星

黜大丈夫之稱者、先與之論丈夫之冠焉、蓋儀衍非惟不得爲大丈夫、並不得爲丈夫、是曷不觀禮之冠丈夫者乎、想其折景春若曰、有是哉子之以大丈夫目儀衍也。子之意得毋震而驚之。謂世之緊稱丈夫者。無足當其一盼耶。詎知揄揚過當。不必遽正其稱名。即經曲所昭垂。其重三加之義者。固質言以相柾矣。一怒懼而安居熄子之稱儀衍者以是。子之稱儀衍爲大丈夫者以是。之特朝秦暮楚之流耳。所謂安上全下者何。在是特苟合取容之輩耳。所謂有造有德者。奚存。自我觀之。是焉得爲大丈夫乎。夫人意念苟有取屬。其所不屬者。不妨直為折。而人言論者有所不齒。丈夫所齒者。即可引而微也。故吾不必與子言大丈夫。且先與子言丈夫。子獨未嘗學禮乎。秩敘之昭宣也。儒者之服膺久焉。故叩閽抵璧。久為志趣所弗存。彼遊說者烏足以知此。則一舉夫禮。頓覺擬非其倫者之無庸深辨。儀文之燦著也。生人之常變固焉。故喪祭冠婚均為人世所難外。彼遊談者豈未之前聞。則欲明乎禮。正覺登堂著代者之在所必稽。夫禮固不專言丈夫也。而何必不與子言丈夫。禮亦不僅言丈夫之冠也。而何必不與子先考丈夫之冠。蓋冠者成人之始。必以成德為期。庶不愧為兩間肖子。抑冠者受室之先。必以受故爲念。庶不徒爲天壤委人。如子言是其所震而驚者大丈夫也。區區然抱丈夫之名。循丈夫之分者。非其所貴矣。亦烏知彼之敗度敗禮適肖其爲儀衍者。非惟不得爲大丈夫並不得爲丈夫。何則。彼固不命於父而命於母也。

思天下之民

觀元聖之思民，其心可想見矣。夫伊尹固無日不以民為心者也。觀其懸之於思，不可推想而如見哉？今夫生民之衆也，可不熟思審度而置之度外也哉？我觀伊尹之心，若以天下雖廣，芸生雖繁，悉皆於我心托命焉。其念念不忘之隱誠，可推想而如見也。如伊尹以覺民為責，如是已。民至多，安能人人而覺之？然雖不能人人而覺之，而其旦久縈結，罔非四方之羣黎。民既未覺，何難聽其不覺？然惟不甘聽其不覺，而其朝暮纏綿，悉皆嚮方之黎庶。蓋思天也。至矣！百姓不生隆古之世，幾無人焉以之為思矣。乃尹也欲使隆古之

盛再見于今恤ニ焉憫其不知復恤ニ焉憂其不能無形中之措置
初何俟出身加民始見紬繹之倫至也蓋其竭思畢[illegible]腸
三加前矣百姓既生哀晚之時可無人焉以之為思哉乃尹之告哀
晚之[illegible]迄于今日殷ニ焉以提撕為任復殷ニ焉以警覺為懷寸
內之籌度更無待象魏懸書始覺圖維之咸在也蓋其殫精竭慮幾
繫于靈臺與府中矣說者謂民生之衆也一人之思何能遍及不知一人
之心擊即千萬人之願酬故尹之百計圖維不遑自佚而民生雖衆
運以一心而裕如說者又謂民患之多也一思之微亦焉有濟不知
空言雖曰無補寔願自可砥周故尹之一心怵惕不敢少寛而民

患雖多籌以一心而各當觀夫匹夫匹婦之不被澤者而痌自刻責
如是而然後知尹之為尹也

做出思字確是任聖身分筆端不
可方物

做出思字確是任聖身分筆端不
可方物

則過人遠矣

有過人之識者必能忘乎富貴也夫同是人也豈易過哉若彼之歙
然視韓魏者其過人不亦遠乎今且有人于此觀其富厚而淡然也
察其尊貴而漠然也乎豈不知其何以過人乃爾也乃今而知夫斯
人之所以處之若忘者皆其從識量中來也如附之以韓魏其自視
欿然矣夫布衣韋帶之士固嘗慨然自期思一日爲仲其意所得
爲庶幾我願足矣而何有識殊于人乎抑通顯在位之流念一旦爲
衆其勢之所可爲庶幾我懷足矣而安有量超于衆乎乃吾以觀若
人不過人遠乎凡人處于韓魏之間往往有媚心焉何也以其能富

乎我貴乎我也有人焉處于衆人之中而獨遠于衆人之外以為吾身可用也吾志豈可以奪乎居不無撫心諮歎何以至此能卓然自立也是誠其識之殊于衆者也凡人擠于韓魏之際比比有謟心焉何也以其能尊乎我爵乎我也有人焉居于稠人之中而獨拔于稠人之上以為吾志雖屈也吾情豈可以移乎將不無撫躬自牽至此何以能隱然自守也是誠其量之過乎衆者也宙宇遼濶其能過于者寧有幾人惟此一人不為富所淫亦不為貴所屈斯非僅可謂之過人也直可謂之過人之遠矣天壤甚寬其能遠過于人者又鮮有其人惟此一人絕不為勢所靡亦不為爵所係斯非可獨以過人稱之

也且可以過人之遠稱之矣吾所以流連慨慕于其人也

畏天命畏　三句

倫言君子之所畏皆以畏天命者畏之也蓋一畏天命而大人聖言之畏因之矣此君子之畏有三也且世第見君子之仰焉無所愧也俯焉無所怍也以為君子殆一無所畏者也孰知君子於天人上下之際蓋嘗獨窺乎其原而敬慎之心遂有凜然莫切者吾茲得為悉指焉其一不在畏天命耶君子之於天命嘗仰而承之而惟恐其或褻仰而承之而惟恐其或褻是其視天命誠尊也吾視聽能出於其範耶吾言動能逃於其鑒耶吾心思志慮亦甚不欲下人矣而獨於天命不能不退而聽焉蓋君子之視天命既尊

矣尊之至故畏之至也君子之於天命又引而近之而惟恐其或遠引而近之而惟恐其或遠是其視天命誠親也吾一視聽耳而已若有臨之在上者吾一言動耳而已若有質之在旁者吾心思志慮亦百出而不窮矣而獨於天命未嘗不受其裁焉蓋君子之視天命既親矣親之至故畏之至也而吾於是知其必畏大人焉何者大人者天命之所當畏也夫彼因其德位之崇而遂震而奉之或以為特屬勢分之常不知勢分之所不得不然者是即天制之也命定之也未有能抗者也且君子既已深明乎萬物之本一原彼其視天下固將無一人之敢輕矣而況乎其為大人也則君子

之所畏夫寧至此而有辯乎哉而今於是知其必畏聖人之言焉何者聖言亦天命之所當畏也夫天下非有新奇之論而顔嚴而惮之或疑其非賢智之所安不知賢智之所不得不安者謂是天之經也命之正也莫之能違也且君子既已洞悉乎斯理之所從來彼其視天下固將無一言之可忽矣而況乎其出於聖人也則君子之所畏夫寧至此而有間乎哉君子之畏一在大人一在聖人又如此如此其所以有三畏也此其所以為君子也

修己以安百姓

張　標

極修之量、君子抱無窮之心焉、蓋百姓以己而安、己則以安百姓而益見其修、君子修己何時已哉、今夫事理之會、推之愈出、固有功立于斯、漸求之莫紀其極、及其事已大著、而尋其端、反不易、其初者、衆人忽內之可以及外、故小善自足、聖賢知無外之非內、而每進加惕也、安人誠未足盡君子哉、天下之人、其力或足以及數十百人、故而之于千萬、不能無中阻焉、非數十百人之易、而千萬之難也、體固無二也、其有一間未達者、猶然理欲之互乘矣、天下之量、其量或已究於一鄉一邑、廣而之于四海、不能遂得志焉、非

○例○推○稍○求○極○透○快○

○振安人誠難盡

○只○是○一○個○修○己○卻○從○次○第○發○於○安○非○二○理○

一鄉一邑之狹而四海之大也理實惟一也其或以小休自止者猶然昏明之雜進矣故盡人言之則有百姓問嗜以百姓猶是此對人之己盡安人言之則為安百姓問嗜以安百姓猶是此人之修〻己固若是其無窮哉凡理被之衆多而鮮效當其數被之初而已先見遺矣若既步有所被其又何疑為不能置百姓于人之外即不能不引百姓于己之中君子惴〻予以天下之衆責一己也其不敢稍逸有如此者修己固若是其難中數哉凡心推之一境而準者必其推之廣遠而究不可圍者也若施之廣遠而無其其先又何恃為不能不達百姓于人之中即不能獨立一己于

修己以安百姓　張標

百姓之外君子翼翼乎以一己之寡周萬億也其不敢稍怒有如此者不惟有其心也而且有其事一人違和則有陰陽之患應之一人僭志則有人事之患難應之在己心受百姓身受寧有先後乎（弓乙注下文可畫描）故君子治一己也不以百姓之故亦以百姓之故不惟有其德也而即有其業一念無欲四方享康靜之福一念保合四方享優柔之福于己見端百姓見委寧有遠邇乎故君子抱一敬也（日涌）不特以（不覺而无理其蠡）百姓勵其己亦特以百姓勵其己約情歸性約性歸道而（性㖈補）行庭不見無物得入其精微于體得用于聖得王而予章自凜盡人欲登于同善至于堯舜猶病猶謂敬修不足盡君子歟

然爲量錯此開設諸以擱絲條也百姓爲安之君無條已到君實爲安息動
君變以此修已爲上修之事責己不同象內之難入而理之根安人下歟
修爲綫從修網而有大之象又條修每恰乎行間　原評
秦言後而立向發在子該似第之推在在子之實言之收轉於兩一步開一
步此根本變一層深一層始說到爲百姓說以君安者安人爲百姓者
安而不能只言修己字理直貫而下立以敬中充積之盛自能及物能有
二也但推出人爲知收轉不然融澈無以釋伸氏之疑爲本題推參而
風骨蒼遒不堊理博深思驚遒勁續健而雄好乎神勇

信乎

周延儒

聖人徵信於大夫、有未遽信者也、夫人而可信則信之、若文子者（批乎字）

能、、問哉、吾想夫子固明知文子、又若未盡知文子。而於公明（承井首提明。文子不占实地）

賈是問。乃其問文子、且尚未明指文子。而先爲不必然之語者。一有（扣題）（入）

曰吾茲有疑焉而未決也、非、難于決、所疑。正、難在決、所信、也。吾茲（口氣用疑字引出信字、）

有所信焉而轉疑也、既欲弗信而不能、復覺欲信而不果也。一嘗計（出乎字。）（就）

流俗之所推許、在流俗或有定評。吾何能離俗而獨精其鑑。一遽以（当時稱文子。立案）（兩）

爲漫無足信也乎。一又計衆論之所揄揚。在衆論且無確見。吾何能（意夾出乎字。）

隨衆而共附其聲。遽以爲確有可信也乎。耳可信矣。能信之目乎。（喚乎字。）

看他層次
目可信矣能信之心乎祇令人核實之想至此而推勘愈嚴信乎
題字
飛動
泛泛悠悠之口適肖夫昭昭冥冥之修乎信于人矣能信之人人
看他兩股有層次
逐句又有層次
乎信於一時矣能信之千萬世乎祇令人考信之思於此無纖毫
少貸信乎共覩共聞之際果非有虛彰虛附之名乎蓋知其名則
襯下
為救
信其庸節而可也信其奇行而亦可也而非然者恐徒為愚夫愚
反、襯、是、乎字中情景
婦之所驚信其人則於人之所易而可信也于人之所難而亦可
信非然者又烏睹一心衆心之共慊試觀古今來藻鑑之林
拓開一步善于持論
方不一味落空
千載自古公評而目前反無定案則千載之信乃真而目前之信
多眩也試觀流品中瑰琦之概共和無非知己而細按轉覺不虞

則眾人之共信猶易而一人之獨信愈難也信乎夫子不言不笑不取乎

起疑字引出信字是信字反面有信之者必先有稱之者起二股是信乎前一層意有傳聞之信有真知確見之信有當時之信有千萬世之信是信乎二字正面知其人則所為之庸奇與難易皆可信是信乎後一層意末又推開一筆將千載與目前之信相形將眾人與一人之信相形四面搜剔殊不覺題位之狹 汪武曾

一篇層次汪評盡之須知後二股尤善于持論若無此則通體空而近滑束不住一篇文勢也

禹惡旨酒而好善言

吳夢桃

稽夏王之好惡，有以要存之之統也夫。禹於旨酒則惡之，於善言則好之，存之之統不自此

且夫盛帝之存於君子也，固無在不致之矣，而其見於愛憎之端者為尤大，苟一念之愛憎非

正，即無以要此心人道危微之防。是以上下古今而稽於禹焉。彼天成地平以運生人之際，

聽漸開倘開御未有何以為而閒淳古之遠，家帝緒王姑之會，進聖之私暴而出偏畜，

未弘何以昭一代文明之治，而禹則無慮此也。蓋嘗稽其生平之好惡，觀之一旨酒也，於

微焉。而耳乃自禹觀之，而甚深於而神於況酒之患，一以為興歲宇雕牆之戒，豈偶然

是知其謹小慎微也何密。且禹之細而耳乃自禹觀之，而心惕然而色動於儀狀之際，

與今皇孔壬之流，共眉睫之非，覺則其妨微杜漸也何嚴。而猶未也，文命之以敷四海

格有黨夫亦何其之邪偏為不務不伐安時虛延訪之思蓋發龜取奏謀頌既傳異言必

彝矣蓋前人之戀而光今乎匡子潤色之祀而自呈為祖宗夫亦何美之未全而嘉謨

獻偏不廣飢渴之求雖芻蕘之獻工瞽之陳通言必察矣集天下之美以備其欲而

係則察皆中節君子進而小人退有譽於前德之昕察於皇祖有訓亞子猶凜其訓

灋一心之親以來天下之善則善無不入於耳疾而其言萬何足以形中心之好於官師不

規微信猶傳其訓也要識千古一存之之君子哉要因之而更溯夫殷周矣

豈僅文已發言下筆皆有音韻而大有純鈎墨鐵之意

怨慕也

怨與慕交集于心故呼天而泣也夫事父何樂于怨慕也舜以是交集于心非不得于親曷至此今夫人有口難言而心自咎常迫而為悲怨之情有事多悖而念不忘結而為思慕之懷天下事大抵然也何獨于思親也而不然子疑舜之號泣乎子即不知其如泣如訴之故獨不觀自負其罪而莫可告語者何敢子即不得其呼號而泣之意獨不察自引慝而滿腹憂愁者又何敢自私思之其殆怨慕怨非耶人心所求有不得則怨之心以起我曷敢知所歸之號泣心有所求否第其怨非徒怨也怨之中有慕者矣時而念

大道

大道

鞠育之恩而悔恨多端時而思定省之節而寸衷如結則是始也以怨而生慕繼也因慕而益怨或怨或慕循環而不窮千載下每令人想像而如見也人心所欲有不遂則慕之念以生我不敢知曰舜呼天而泣心有所欲而弟其慕非竟慕也慕之中又有怨者矣時而思瞻依之哉每多思慕之情時而念溫清之文不無不平之意則是始也藏怨于慕之中繼也怨續于慕之後怨慕怨慕輾轉而莫測百世後猶使我思慕而不忘也是故夔夔齊慄怨而系以系慕也無辜籲天慕而將以怨也極其哀痛之迫切至閔自縮若興之相親而幾不知人世間更有何事之當怨由是思哀哀父

毋怨慕而不離乎怨之心遡昊天罔極慕而繼乎慕之後極其悲哀之誠篤乃至夢寐無若與之相接而幾不知畢生內尚有何事之可為

原評

當慕舜之號泣乃舜之怨慕也子何不諒舜之心乎

講怨慕二字或析開或合説或順説倒説性情盡得孝子心事可謂允生乎情文不涉語中怨己言當下斷章問怨親之事首題極真美足作也予無間言矣

○帝之妻舜而不告何也曰帝亦知告焉則不得妻也

釋唐帝之不告、亦以善成其孝也、夫帝何難于告、而告焉則不得妻、亦知之、是以同為不告焉耳、今夫以朝廷婚媾之命、而欲以壓匹夫之微、雖承其旨者固無敢拒、而於在人父子之際、則有嫌焉者矣、蓋君之所令其民、猶父之所制其子、而有時民之從君、不若子之從父、則禎父即有禎民之心、而孝子從無不順之理、明其變者可以無疑焉、舜之不告而娶、章既自謂聞命矣、雖然猶有疑、疑則疑夫舜人子也、以人子而未于瞽父母、在舜或不必告、而豈所論于非子乎、舜人子也、以人子恐廢大倫、瞽父母在舜或固以告、而帝

北屋

北壓

而豈所論于作民父母者乎蓋其時有娶者則有妻者娶者或有所畏而不告而娶者則何必然且亦思娶舜者何人也抑當日為妫之降帝似不妨明語夫瞽瞍而頒一令發一命以天子女女於匹夫未有不惕然者而竟付之默默了之也則以瞍之為父帝亦知之矣舜之為子帝亦知之矣知之而且告焉其得娶乎不得妻乎若以君之令可行於臣其不行則即以逆民之罪戮之瞍亦何辭然為妻其子之故而至于戮人之父雖欲妻之也可乎想帝亦念及之也況於父之令得行於子其不行則亦以逆父之名予之舜豈任受過其父不從而毋不悅而欲其去順效逆即得妻之何心抑

帝固知萬〻不能也且夫頑嚚之成性也帝有言瞍必不聽焉夫瞍
亦豈敢顯為不聽但令明說之頃焉豈精有不豫之意則居室之
際膝下必無男女之歡舜於此時雖廢夫大倫不恤也故即聞名
納采上世所無而釐降之禮瞍不惟不及見並不與聞女以示天
子尊嚴無煩告語而亦通其故於不言之表曲以全人骨肉之親
抑其克諧之至孝也帝不告權狀可通也夫帝亦何必為是違權
但以委曲之意行之則必告之說可以不泥南山之詩以尋常之
事行之則人主雖尊恐竟成為有鰥之子帝於是時欲強而妻之（無疑也）
故即婚姻大典言語必通而不嫁于虞不惟舜無所稟命並帝亦

不使知一以明朝廷婚禮不覿側微而實喻其意於無言之中所以成人明蔑之愛帝惟知此所以不告也不然瞽瞍雖禎而以君命臨之惟有稽首頓顙驚喜交集而已帝之妻舜而不告何也

施從良人之所之

齊婦之從夫也若有以其迹者為夫良人之出必有所之也齊婦方施以從之其為計也不亦深乎當聞女子之道順從為止故結情閨闥無在不默相告語也獨至行踪可疑反欲隱其身以伺之察其迹以窺之而按按迹所道在之間者其計已巧而勞則已極矣如齊婦之瞯良人而乃發起矣東方既明將無有恩勤婧人無慾者乎則夫吝累楚楚而雖有對宮庭而燕從為同其社匪雞則鳴得無欲無忘其婦順若乎則夫吝憂如雲而此家庭除以修內職為又其宜也而齊婦當日不爾也念向也厭厭夜飲丈夫之交遊誠足堪羨乃今蓬門寂寞而空念行踪初不解獻酬之何地抑向也飽醉既飽友朋之餘

酢是稱知己乃亦也深閉重守而回思交道終未識拜跪之何人然則欲于良人所之而瞯之何如於良人所之而從之乎與其疏歸而究其由來曷若于於出而窮其所往乎而獨是從則徒失而必出于施者何也蓋其平日之所爲誠不堪以分人道矣一旦周旋道左寧無徬徨瞻顧之情乎苟使從之之術或跡將平日醉飽之由終不得而窺之可奈何且其平昔之所行誠不可爲家室告矣一旦吾能因道保無有潛形避迹之念乎苟使從之之迹未敢將聞昔廢餘之故竟無由而得之可奈何究然而其妾則早慮及此也瞯瞻道左而默以行惟恐良人之或覺雖相違不過數武而寔潛其躬于無可窺抑徘徊中道而依依以往惟恐良人之或見雖先後共此一

遙而寬隱其迹于無可知雖良行多露詩歎之矣彼婦乃躬自蹈之耶而其妻則有不概覩也行邁靡靡惟望良人以遙征抑深閨重守古傳之矣彼婦其未之前聞耶而其妻則有所弗計也中心搖搖祇對良人以驅馳斯時也齊人嚮之于其前而其妻亦步亦趨隨之于其後旁觀者必詫之曰此殆其桑中之婦歟不然而何以亦步亦趨趨隨之恐後也抑齊人于前而行之其妻于後而踵之行道之人必疑之曰此其為蹈芍之女歟不然而何以且　且止中道之彷徨也耶何窮其術之不越一墻間而已噫婦將何以為情乎

疏解題面字之清出

美目盼兮

沈同安

目以美稱惟其盼也夫目非盼未可云美猶笑非倩未可云巧也美目盼兮詩又善言質予嘗思妍姿淑質固緣稟賦之殊尤而蘊秀含輝尤在清揚之媺麗當偶焉其一覽竟余情其信芳此亦最無容矯飾者矣詩既曰巧笑倩兮笑其順之徵解也而眉睫即宣其意故觸于所遇嫣然之下好輔與善睞齊傳倩其口之乍啟也而瞻矚旋寫其神故即事多欣莞爾之餘皓齒與明眸交燦蓋質之麗于斯人者何不美而目之美尤自然也故繼曰美目盼兮人生豈盡適意之時苟拂鬱盈懷輒捧心以慕其顰方欲歌兮未敢言即欲泣兮不成泪其

依徊掩抑者不曾有下幽怨轉于凝愁不聯而曲寫其清妍漪景豈無賞心之候苟芳菲滿目即延佇以流其睇既舒嘯于臨風又登高而遠望其俯仰迴旋者亦不啻有無限幽懷持于近觀遠覩而徐形其流注當夫正容寂處一似故掩芳藏幾莫測其端視若何斜睨若何逸靜而之動如有所許復如有所思則炯炯青矑時激射于象服山河之表當夫起居未寧不遑自持容澤幾難定其端凝若何轉側若何逸而欲息如喜意微生復如諦觀未遂則娟娟秀采常輝映于蛾眉螓首之間有纖翳之瞥攖即朦朦如無覩而蘇乃一望而瀅然也流波迴影儼同秋水之渟泓苟神理之內損輒黯黯其不明

而蘇固文接而燁然也外徹中融恍若春輝之映麗逸詩所云是知
天然姣好寧第巧笑之瑳也唯目亦然
處處以帶為撇切定本句點染驚才風逸艷溢緗毫如讀那如洛
神而陳李石衡

送往迎來

馮詠

經有厚于往來者、待之以禮而已、夫往者來者、國所時有也、可不待之以禮乎、經故有送且迎之事、且（自遠人入脈）天下至無定者賓旅耳、無端而忽往、亦無端而忽來、僕僕者幾不堪征途之苦矣、而願聽其勞苦、致使落落征途、曾不為之加意焉、彼都人士、幾何其不嗟失所也、豈先王綱紀四方而忍出此哉、吾所聞文武之政、亦嘗重念此往者來者矣、以人之偶相聚也、豈不願安居此土也、乃無何而欲往矣、征東云邁、情難已也、毋亦有悲黃鳥者乎、以人之各自散也、來必其惠然式臨也、乃忽焉而背來矣、我征聿至、情彌迫也、毋亦

（即拈往來字入題古雅意在言外）

（是以不必題位以歟作領）

（提共句相表）

（將往來二字）

（頓跌）

（更跌往者來者宕起是迎　布局寬展）

（雅切）

（文致雙）

有傷鴻雁者乎蓋彼自我而往道阻且長已有山川風雨之嘆若之何重以疆域之險也嗟彼往者其何以堪夫有客言旋我先王猶恨相去之遠矣而顧令其鬱鬱適茲土也先王必不若是恝也抑自彼而來風塵跋涉不勝去國離鄉之感若之何更重以行李之困也顧此來者其曷以慰夫嘉賓式燕我先王猶恨相見之晚矣而竟令其落落不我穀也先王又不若是忍也于是有送之之經在逵之行人授之符節豈無艱阻其捍衛之也豈無關河其舟車之也遠送于野而馳驅周道可不謂厚歟思我之來于斯者幾何日矣何在不沐其嘉惠爲今[illegible]然長往而猶然相厚無已也

吾知往者恨不復来矣且更有[illegible]經在司空視途司里授館
豈無雨雪其室家之也豈無飢寒其衣食之也迎于道左而周其（寔跡迎字）
困乏可不謂厚歟聞昔之自茲往者幾何人矣孰夫孰不道其雅（對有巧思）
意爲今我偶爾至止而果也拜賜有加也吾知来者將不願往矣（反互有句收住極老）
嗟乎此往彼来自多信宿之儔既送且迎共羨樂郊之適再觀其
嘉矜之意宜其無遠弗至届也

題竅　往来即遠人也送迎即所以柔也寔文武當日所永垂爲經者
須寫出往来之苦見所當送迎之故

文評　情詞愷惻筆致風華前提往来一層即反逼當送迎之意次及

不送迎之一層又痛寫其往來之若以下實發題正面一層即用交互法有情有致反正虛實細針密縷章法最爲嚴整誠初學扶劳膏九轉丹也 吳踰龍

形經自別

洋洋乎發 二节

建江核貢擬作陳潤

聖道貫乎大小極形之將以立求道之準也夫求道不可無其準也合洋洋優優而皆為道其大不重可思哉今夫明智之士類莫不窺天地小萬物而薄時王之制度及觀夫聖道浩乎充塞而莫可量也燦乎明倫而未有窮也以為大而大靡不至以為小而小罔不該也而後嘆明智之才俱無所用然則聖人之道殆矣嘗論恢怪之心而啓天下後世以從入之路乎則其大何如也由今思之洋洋乎由一物而造萬物氣至而向榮為發既發矣即不能無育氣極而蓄息為育既育矣又而不能無發是資始者道而資生者亦道也道何洋洋乎且由地而極于天巍巍者其象乎天之象一道之象矣蕩蕩者其体乎天之体一道之体矣是職載者道而職覆者亦道矣道又何洋

論精

洋乎然使於全体見其大於節目不見其大則大猶未至也亦何洋
洋乎其大者又優優然其大者載道者萬物也萬物不能有經而無緯
紀聖人故神明其用于制作倫道於天地也天地不能有質而無文至
人故道其意于典章以覌其礼儀有郊禘朝会以及冠昏賓享皆礼
也則皆優優之道也即三百之儀不盡詳其載之官者夫亦煌然
可考矣抑覌其威儀有揖讓升降以及燕息起居皆威〻而皆優〻
之道也即三千之儀不盡悉乎其散之秩官者夫亦昭然可觀矣故
自其始而言有天地萬物而後尊卑之等蒸秩天地萬物者寔生礼
儀威儀者也有其終而言有礼儀威儀而後位育之功用始殫礼儀
威儀又資天地萬物者也要之天地萬物道中物也礼儀威儀道中事
也道不弘啓天下後世以從入之路乎是在修而凝之之君子

洋〻乎發育萬物

江南　蘇國梁

道極于無外、即萬物已見其大焉。蓋道之洋〻者、非必逐萬物而發育之也、而觀于萬物之發育、不可以識道之大乎、今夫兩間、盧其中而物實之、萬物虛其中、而道實之、苟無道何有物、惟〻即道體之充周、而統觀庶彙、舉凡物之萬有不齊者、莫不于此有畢達之蘊、然後知天下之形而下者、皆形而上者之所宰焉也。聖道之大、于何見之哉。動而生陽、靜而生陰、無一不在資生資始之內、而究莫測生始之何以資、蓋陰陽互為之根、固滯之而無〻滯也、則化之流也、仁與為顯、用與為藏、無一不在成形成象之中、而究莫知形象之何以成、蓋顯

藏迭為之運固隘之而無或隘也則量之充也洋洋乎耳目之前何
所不貫乎隙見之地何不遍乎而不見夫萬物乎物之生也必蒙
（發育分良擘精確）
蒙而無與振之則成象效法茂由形其暢達之情乃觀于萬物誰為
舒其鬱而無不有以胚胎也誰為開其新而無不有以光亨也萬物
之發也其有發萬物者乎物之生也必稱稱而無以養之則類聚羣
（有上三字在）
分茂由臻于盛大之域乃觀于萬物誰為厚其生而無不有以各正也
誰為正其成而無不有以保合也萬物之育也其有以育萬物者乎
（二比合讀）
而究非物物而發之物物而育之也任萬物之含生負氣者無非此
二五之精妙合而凝而發者自發育者自育遂羣沐生成于大造而

胸如鏡事如環

究非物々而待發物々而待育也仁萬物之出震成艮者無非此機纖之妙絪緼化醇而發者皆發育者皆育不啻受陶鑄于洪鈞故即一物言之則一物各有一物之發育而由此徼彼于彼非有餘即彼驗此于此非不足所謂散太極于萬物之中而不見其少也即物々言之則物々共有物々之發育而前乎此者非必儲其用于方來後乎此者非必借其精于既往所謂納萬物于太極之內而不見其多也夫萬盈数也物盈而道能容故萬物統于道而幾忘發育之功萬統詞也物繞而道能分故道運于發育而適肖萬物之類峻極于天道誠洋々乎

物各有一太極

方是洋々

萬物統體一太極

二

此談理本程朱而造語亦復精奧

題既截去下句講上三字須句句伏發育句却不可有割截之痕至講發育句須緊抱上三字又不僅在截去末句也文極斟酌而精深醇肆尤得力于通書正蒙

孩提之童 合下二句 周世

愛敬即人而具。因情可驗性矣。盖使非有仁義。亦安知有愛
觀情之發于孩童稍長時。昔可以恍然悟耳。且人只與倫類相酬
接而或漠然無所動于其中。謂是不情實甚也。不知其於性而具
者其情原大可用耳。盖緣于總起者常滿而具于上。初者非係是
故不遡乎性之原。無以知情所自出也。不獨乎情之所無以知性
所有也。則欲知良知良能者。曷觀愛敬一念明發而懷天顯此成
人之道宜然。乃赤子何知。固已隱據大人之事也。本天而動者罔
非真知之洋溢。則物則之秉彞。堪遡歌呼咕而亦有懷。或學問之

功有何碩時值童蒙早隱合乎詩書之蘊也與生俱來者皆消[illegible]
意之流露則總善之成性非誣獨不觀諸孩提時乎溫凊之文未
嘗講也而啼依獨切于怙恃無不知致其愛焉不識不知自徵孺
（雅潔）
慕矣抑不觀諸稍長時乎友于之誼誰為責之而豆觴以明大禮
讓又無不知致其敬焉何思何慮自篤同氣矣豈有假于學慮
（從題闇嘐數而）
哉何以情之發于不容已者固皆不言而喻若是夫以人情之圈
（下綫是頂點之神）
于習也嗜欲深則天機淺澆漓之念漸增斯骨肉之恩漸薄故官
（股法頓逆盡致）
骸徒存幾無以見人世之至貴懸久焉而遂忘其真豈知人性
原于天也性無私而天良有覺庭幃之地不僞則懿

所最先故心稚何知咸有以見人紀之常仲偶觸焉而自定其萌
蓋觀于親親敬長而仁義不恍然可悟耶民物之推恩尚必有待
而及而毛裏之思應念而即存此豈有作而致其愛乎惻怛慈愛
仁義二字只從親親敬長想出意味津津
之懷莫非元善所寓其苞孕于不容已者膝下時露其端倪故仁
主于愛親即立愛之基也孩提在抱固莫竟其施而一本可懷早
已啓其緒尊卑之品序未暇詳別其分而友恭之節即境而可通
此豈有為而致其敬乎恪恭嚴肅之意罔非利物之宜其根柢乎
至足者長上自呈其朕兆故義主于敬長即立敬之始也稍長徐
行初非歎乎量即萬民之正不過引其端此所以遡性之大原即

知情所自出。油然各順其則。而觀情所見端。可知性所固有。穆然不離乎初。自非然者。孩提稍長之私。未必推行之皆準。而何以親親之誼。且達之天下哉。

淺言彌深淡言彌旨迴環雒誦但以欣然

素以為絢　後乎　陳韶

有發於詩者忽因詩而悟禮焉夫天下烏有以素為絢者哉知後之之說則禮不因是而可悟乎令夫人之有所為也其事乎然本事之先何以不見其致飾既事之餘何以日臻其煩文則意天下事其因人而為者皆踵事增華非其質矣詩咏倩盼如此非所謂威儀棣棣而不可選者乎子夏向者固已於詩符乎無體之說矣奚疑哉乃詩則繼之曰素以為絢今豈亦見夫闇淡之中欲彌求也歟即以絢予之豈亦見夫華麗之陳久而不懕也故以素易之是天下將無貴乎絢也第曰素足矣有是理哉天下并不必別其為素也耶曰絢可矣

有是事哉而非也夫繪事由有後素而為之者則由素而為絢夫何疑乃吾不知子夏何以忽有悟于後之〻說也曰禮則然乎夫禮有以素為貴矣如天如帝之容不施於父黨丹漆雕鏤之工不設於棗栗即如尊可犧也雖繪而卻乎絢約可揮也仍素而卻乎繪此殆所謂白賁之文人心致敬之道故以遜諸無禮之初而禮則以文為貴矣由是容之所緣是一嚬一笑有不忒之儀由目容之端緣是上袷下帶有中正之準且也山龍斷繪于虞裳考工爰綴之周禮此即所謂文明之象先王制色之文故以遜諸有禮之後然則禮也者即天下之絢類乎亦天下之一繪事乎非然者莫為之先則禮將焉附天下

素以為絢 後乎 陳韶

豈有非白而能受采而被其之于矣以致誚於服之不稱哉夫惟其質之不存故也故曰志敬節具者與之知禮又曰不能詩于禮謬簡真知禮哉然而素絢之詩今亦不必逆矣

素以爲絢　後素　　黃世楷

賢者渾素絢而疑之，聖人通其解於繪事焉。夫詩咏素以爲絢，固明明以素爲先而絢其後焉者也。子夏不知所謂，亦未即繪事思之耳。今夫索解於簡編，不如曠觀夫物理久矣。天質與人事分途，渾而視之，不得其所以分，自不得其所由合矣。學人膠於所見，不免以辭而害意。聖人通其說，物情有可指而易見者。詩咏倩盼，其意固謂巧笑之瑳，不假修爲；美目之揚，未經粉飾。豈無膏沐，其後起而潤色者也；豈無笄珈，其踵事而增華者也。固繼之曰：素以爲絢兮。詩自有所謂也，而何以子夏有疑也？謂天資獨擅而復益其

華則素爲主而絢附之爲之說是也乃自子夏言之明々言素矣
而竟以爲絢則是淑姿窈窕即當采藻之觀而何以如山如河必
取象服之宜也此不可解也謂貽質無虧而更加以飾則絢爲施
而素承之以之之說是也乃自子夏言之明々曰素矣而即以爲
絢則是秀色婉孌無假物華之美而何以如帝如天猶資玉瑱之
輝也又不可解也何謂之問子夏殆不能釋然於詩矣今夫惟々所
疑以求解者學人所爲得間而入也借其事以明指者聖人不待
別參一說也其在子夏渾素絢而言之終不敢比素絢而同之明
亦知素自爲素絢自爲絢而反復詩言若有不必過分其界者往

帙具陳不免信疑之相半而在夫子聯素絢而析言之更不難就素絢而遡及之第觀於素常待絢而絢常依素則覆繹詩言原有不容少混其序者考工所載亦已較著而彰明夫子曰繪事後素繪事即絢之事謂也後素即為絢之謂也天下大文之所萃其初本屬無文極五采五色之彰施而日月山龍遂成天子之服當其絢爛可觀人第謂為絢而已不知有處於絢之始者未有繪之初朴素惟以取潔既有繪之後文物於以生光素以立質繪乃起而有功白可受采此之謂也天下艷色之所呈其始原於無色脩三入五入之異用而元黃朱綠遂為公子之裳方其繪染既成人第

謂為絢而已不如有緼於絢之中者有而素而繪之事起即固不待即繪為素有繪而素之用重亦安得即素為繪素以為地繪乃因而有成致飾則亨此之謂也子夏亦思夫子繪事後素之謂即詩人素以為絢之謂蓋素也而繪加之即素也而絢為之之謂也天下事有待於為者大抵皆其後焉者也而子夏忽通其解於禮矣

筋旋脉注刊落浮華

子夏此問是素絢夫子即以繪事釋之此時問答並不添設別義試卷中幅有用排開一層用文貢套語比喜欲閑動十之八不知走漏消息則書一夜之悔反於嚮說夫子起予之言亦知發矣併及之

素富貴行乎富貴

即富貴以觀君子、惟因其所當行之位而已、夫君子之富貴、君子之位也、素位而行、不即此而已見乎、且吾竊怪夫斯世之人○而溺於富貴之一境也○何則、夫人當未獲乎其境○而皇皇焉急欲求獲○遂其境之既獲○而又若不能無歉乎其所獲之境○則是未嘗奉教於君子也○不觀君子之素位而行乎、位無定者也○位無定○而所以行乎是位者未始無定○故不獨富貴也○而當富貴之時○則若富貴外無所為位○然而行無定者也○而無定○而有位以限之何嘗無定○故不僅行富貴也○而當行富貴之時○則○若○舍○富○貴○遂○別○無○可○行、是可先舉之以觀君子矣思富貴之來也至無定耳夫人當未富未貴之日往〻遂料其有是富貴而又轉慮其未必得此富貴及一旦富焉貴焉則遂喜氣揚揚而踴躍之不自禁曰此意外也非固然也不知君子于此毋論前此之為富貴與否蓋偶而富貴則富貴即吾素也吾惟是委曲以行之庶幾無歉乎富貴焉斯已耳抑富貴之去也至無端耳夫人值既富既貴之日往〻甚幸其得此富貴而又轉慮其未必長保此富貴則方其富焉貴焉已不免瞻顧彷徨而驚喜之常相參曰此適然也非固有也不知君子于此毋論後此之為富貴與否蓋業已富貴則富貴原吾素也吾惟是詳審以行之庶幾無負乎富貴焉斯已耳如

是而謂君子有心于富貴不可也使有心于富貴惟知富貴之足樂
凡其所以致此富致此貴者必無謀之或歉則餓而非富貴焉此時
依然富貴之是謀而抱歉者良多也故君子雖行其富貴之素而初
不必有慕富貴之心如是而謂君子無心于富貴之行不可也使無
心于行富貴將以富貴為外物凡其所以處此富處此貴者遂因循
以相就則特而務富貴焉此時循是富貴之是處而因循者自宕也
故君子雖不必有慕富貴之心而要亦兢兢焉以行其富貴之素之
可進而登覲之

素隱行怪後世有述焉　吳玉綸

求道而過乎中、隱怪之欺世也、甚矣、夫道豈有隱怪者、而素焉行焉、後世述焉、非求道之過者乎、且三代而上、道出於一、三代而下、道出於二、出於一而中道昌、出於二而隱怪起矣、何則、帝王之學亘古不易、見知聞知、道本顯著於天下、何隱之有、自人以平淡無奇之旨、不足聳後世之聽聞、忽求人所不知以爲知、極鑿險探幽之不已、而心性可隱、歸於虛無、形骸可隱、視爲幻化、遂覺開闢之先、乾坤之外、何必存而不論也、則索隱也、天地之經、萬世爲昭、如砥如矢、道本率由、於宇宙何怪之有、自人以庸謹無過之舉、不足震

探源星宿

直截了当

不独庄老並淡天雕龍之往亦反之

後世之心思勿求人所不行以為行極好僻詭奇之所至而非禮
不獨楊墨申子桑伯子之流亦包括無遺
之禮怪在衣冠岐中之岐怪在倫紀其去王道蕩蕩王道平平不
知幾千萬里也則行怪也嗟乎士生三代後不獲覩大中至正之
一片神行大文章法
規而隱且怪也若此所宜人其人火其書廬其居者而後世何以
此等股法以起為接真先筆也
有述焉知人之所不知而人駭其知行人之所不行而人駭其行
此比說一人說對比說數人說不惟述字抉摘深透即有字亦
其駭焉者其述之所見端也初亦喜予其新聊以嘗試而已矣久
之而志篤情深遂入其堂室而奉為俎豆至問所述之由來而其
寫得門戶森然其中沉酣頓挫老味之妙不可思議
人已往其時已古矣則惟隱怪所常存者別有其壽世之術焉當
世而淺深可窺見而疑者固多述從而荒遠難稽聞而信者不少

其信爲者其述之所以深也始亦迷於其途不過數人而已久之而耳濡目染遂飾其行習而成爲風俗故推所述之究竟而仁義爲駢枝六經爲糟粕矣是其隱怪所流毒者若亦有名世之具焉（熟焉字全神俱動）夫至強之躬用於不必強之地有害於中庸之道爲孰甚寧吾也而爲之乎

賢知之過流而必甚後世之怪〻奇〻原在聖人知周萬物之中作者盡情抉摘妙極渾淪參之太史以著其潔豈胸中無書卷者所能問津　東皋先生

題是賢知之過注脚見得索隱行怪寔有一番見解一番工夫

述之者直墮其術而不自知聖人特為拈出正欲人人致力于中庸耳作者推勘入微最有功世教至文法之高古乃近時韶樂也 周声山

首句寫得極奇絕盡隱怪之量次句寫得極大纔見隱怪之害矣原道縮本也 王棻佩

起予者商也

胡德球

嘉賢者之善悟、發聖心所未發也、蓋起之機、悟之引也、以起予嘉商、非以其發所未發乎、嘗思名理以相薄而始呈、性靈以相觸而愈出、乂矣夫啓發之神、入深也、而不謂近得之吾徒也、夫指示所加、僅郎境而晰其故、而引伸所及、早因境而闢其新、所謂解人不當如是耶、如予云後素、商即通其說于禮、商也真善悟哉、曲藝何當、精微乃一遇會通、直窺地下天后之蘊、覺出商之意中、迥出予之意外、而機緘畢貫、當前之相視[illegible]心法[illegible]相比類、乃一經穎悟、直通聖作明述之精、覺商也、天倪徐引、予已夙見、胥捐而意趣環生、此際之相深莫聲商進矣予因商亦進矣後素之說予詔商也禮後之悟商助予也起予者商也領受之眞趣觸性復更端也不能別生一解起之云者有所受而顯有所生也然契在古今納牖若鬼神之告鳶魚之方寸中懷得神相之工商其卓有實得哉名物之煩賾皆得以後素例也究轉關生之妙商詢先得我心耳濬入少靈機雖艱勤辨難備譽其格不相入起之云者見其入而不見其格也聰明有獨異不會擴我以未聞見地有獨超轉似導吾以先路商其獨具靈機哉理道之淵微旨將作禮後觀也引人入勝之餘予初念不到此耳在商也恂恂自餙初何嘗獨炫其才思乃即予訓迪揆厥融通予情不知何以

往而深也理無必不可通之境惟會心之感觸自見無方而精思累

注

疏一破尋常授受之規即予也惓惓吾徒實厚望其深于會悟乃即

商穎敏引之繹思于心不知何以悠然獨超也事無或可執視之機

惟審慮之潛通自無滯礙於觸類徵參平分一堂教學之益商具特

達之識誠哉其可列風雅之林矣

學一善　　唐山

[illegible]

振河海而不洩

張舫

觀地之振所振、振而不測又見矣、夫以河海之深且大也、而地能振之而不洩、爲其不測爲何如乎、嘗讀易曰在天成象在地成形雖然地之成形亦甚不測矣有極其形之高者曰華嶽即有極其形之深者曰河曰海夫河起於西者吾烏知其所至然大抵皆逶迤於地之中也逶迤於地之中則爲振已矣海藏於南吾亦烏知其所底然大抵當歸宿於地之內也歸宿於地之內則爲振已矣雖然振之矣保無有虞其敝者乎而地之爲物誠一不貳又何敝保無有虞其變者乎而地之爲物不息則久又何變蓋振河海而不洩焉洋洋乎何源之遠哉衆流對之而俱失其深也而要不出地之範圍地不敝故所振者亦不敝也決決乎何流之長哉萬派宗之而莫擬其大也而要皆受地之約束地不變故所振者亦不變也夫地固極廣厚矣無涯也而亦無閒而洩之端何從而生至虛者又復至實而洩之機何從而伏今日者九河既道初不聞有潰決之虞雖王者之疏瀹使然抑亦地之永貞有以使之然乎四海永清絕不見有震蕩之患雖聖主之奠定使然抑亦地之凝固有以使之然乎其不測也

晉之乘楚之檮杌魯之春秋

列舉諸國之書以明春秋之自焉夫春秋非可以晉楚較也而其始也

猶然魯書耳安在不可與晉楚二書並顯而觀之乎及自周之衰也天

子不採列國之風而柱下之簡僅亦守府是則春秋一經所以繼王者之迹

之作也雖然自其既作者而論之固為列聖相傳之統自其未作者而

論之亦只是諸國共傳之書為之遡稽旁舉而知其由來舊矣如春秋

為詩亡而作夫春秋奚自昉乎聞之天下有道守在天子晉安得而有

書晉乘書春秋安得而作哉然則春秋之書其始于孔子乎曰非也蓋

自平王東遷書散列國于是大國皆有書而魯亦遂以春秋著微獨魯

有也晉楚亦有之雖然晉楚之不廷遜於魯也明甚矣昔吾夫子刪詩

一轉動而

有唐虞無晉略後也擬而弗錄外之也魯則登之於頌薦
宗國也且吾然以天子之事予魯也詩既如此史書又何足言哉況夫王
迹之熄晉與楚寔基之此行於河陽而天子之分可畢春秋諱之吾不
知晉史其詳之耶其略之耶南征不返而巡狩之典遂廢春秋略之吾
不知楚史其以為得乎其以為失乎是譏史書也否則謎史書也其不可列
於春秋也明甚然此皆觀乎其後而未觀乎其前也觀乎既經筆削之
春秋而未觀乎未經筆削之春秋也既經筆削則繼唐虞述文武之春
秋且不知有魯何論晉楚未經筆削則所見所聞所傳聞之春秋既
已無殊於楚何況於晉彼晉不有乘乎晉自桐葉肇封方以為宗國而
當日董狐之所掌則名曰乘乘者載也或曰乘焉之事焉獨吾知孔勸

味帶有韻

年入晉遂臨河之志豈晉乘一書尚有寓目乎知可知也而吾由春
秋溯之則以為晉之乘楚則有檮杌矣楚自魯莊十年始見于春秋而當
日經史之所記則曰檮杌檮杌者凶獸也取以為號焉獨吾也乎因聘
入荊與令尹綦公最善彼檮杌誌其所博採乎或有見也而吾由
春秋推之則以為楚之檮杌至若春秋固在魯矣魯備六代禮樂天下
號為望國而當日左丘之所著厥有春秋春秋者敘事之始也錯舉
之以名篇焉獨吾夫西狩獲麟絕春秋之筆而其義取係之以
魯公昭舊職也而吾竊春秋之始則以為魯之春秋春秋之所以
繼王迹者孔子也不然隱公即位以前豈無春秋其以祁南陽之詔
城之志有以野乎將無同

餘音不絕

雋爽

筆多慧致紆行令意繚繞甚同破的

校人烹之

校人動殺機徒知飽其欲而已夫畜之也而烹之校人何但為己計而不為大夫計乎且天下之至不可定者凡物之數而最不[illegible]小人之心生機而藏殺機此數之不可定也行愆而轉行恣此心之不可料者也若校人烹魚之事是已子產之使之也夫亦謂爾之受若託也莫予負也已校人之承之也夫亦謂予之終若專也寧受而甘心焉然校人乃狡者也其心計曰無知者魚也[illegible]大夫之恩死之未必領予之怨即魚有知又自有饋者代予任受罪也校人又貪者也其心復計曰可欲者魚全大夫之仁其事迂果小人之腹其

事切踞魚可憐而愛物亦非于校人事也況當今之世解黿而染指于爵脯熊而還禍于人大率為口腹之累者無暇修仁義之二而何況于予且平居之時臨淵興結網之思彈鋏並無魚之嘆予一旦獲于望外矣惜其逞于釜中而何不可烹ㄟ之而叙其事以相譽既稱終扶之名又獲音口之寶飫即有羈其事以上聞誅不至以一觴之味纏我於二足之條予何憚而不烹哉烹之不待計矣寧之死于校人之手者生于校人之口校哉校人也舍哉校人也

華周杞梁之妻　周茂源

齊婦之賢當亦名非載僞也夫婦人之表見者罕矣華杞亡而其妻卒顯家無實行可嘉哉且棄婦有逝梁之嘆逐臣多行邁之憂此固（映發自然便與上二股不同）異事而同感也苟徒曰憯然謝去如臣道何如婦道何顧吾采季蘭之逸譽搜彤管之遺徽竊以為反覆勝也豈僅王豹綿駒能移俗聽（從題歌脱卸）乎夫下蔡偏能見惑故曼聲以列伎為工將使二子無擅長則唯美人傾國也然孰翻而由教尚無取焉所獨難者身為未亡之人耳（入題亦雅亦切）大梁每亟求才故歌者之賜田且止將使二子無倖寵則唯壯士守邊（逆層襯出）也然思伯而首疾恆自憐焉所更酷者長為死事之室耳昔者齊襲

莒華周杞梁殖焉非特兩人愍且正也其妻亦烈女哉妻子偕而忠
如此翻入
轉有風雲之態
孝哀戰陣無勇所由來也華周杞梁能以死綏報其君則其不牽於
甚求其間實處皆靈
私昵固已明甚矣苐華氏拒盟而杞梁徒見執獲意者還也申信而
從二子說到其妻　頓上
殖也損威顧均為橫草之烈皆當收卹其妻孥況乎伉儷多賢尤足
名實
聲施不朽也公議急而私情緩小哉善懷伊可法也華周杞梁之妻
必不以爭桑釀其釁乃其不忘乎襲雠或未可知矣苐杞婦辭弔而
人所棘手即成波瀾何物文心靈妙乃爾
華妻罕致臨喪意者殖也有妻而還也無婦頎並為士女之釐咸可
從其妻收轉二子　起下哭其夫
輝煌其家乘況乎夫征不復又共罹此鞠凶也聞之如臯射雉則言
映作更妙
笑之情以開嘉耦不再更苟欲求服其志殆不可以無才矣寂寂帷

○反○照○襯○圍○○○○○○○歸○重○二○子○是○實○○○○○○○○○○○○

房之際内諱無聞令遂成一婦之名者止由夫烈士之同日也一盤殘

明○閣

寘壁則藐宮之禍以免女智莫如婦亦有不用爾謀遂將不恊於義

○○○○○○○○○○○○○○○○歸○重○其○妻○是○主○○○○○○○

矣纍纍京觀之間國殤無筭令卒令二勲不泯者未必非嫠婦之幽

○○○○○○○○○

芳耳嗚呼哉哭泣盡哀而城隅崩陷雖天地且為震悼而況人乎

哭夫變俗事在其妻卦特無名可稱因及杞梁又以襲莒同事莫

及華周二人不過帶説而華妻並無哭夫事也文却即以無証為

証互勘入妙從幅輕帶華杞歸重其妻巧思濬發異想天開洵非

凡手可及

唯女子與　一節

近習之難養、隨所加而紛生焉、夫養之則不能無近與遠矣、而不遜與怨即因之、豈不難哉、且國家之患〔語破的〕、其由于所溺乎、陵三軍者困于帷薄、威四海者變在蕭墻、愛惡相攻、情偽相感、一或不慎、亡國敗家相隨屬矣、令天下有女子焉、骵柔而性剛〔精切〕、有小人焉、志卑而氣亢、人之視之、將以為不足虞乎、吾以為天下難養者、莫是過也、蓋陰邪其天性〔畫出情狀〕、而復濟之以不明、故威不懲、而恩不勸、勢利其本懷、而後深之以無恥、故德無極而終怨無終、能令昏主疑〔筆力橫絕〕、能令明主惑、能令弱主畏、能令英主憐、方其近之、不自知其卑且賤、而以為分所應得、則不遂以色交者悍生于寵以才干者犯生于驕其始意氣而已漸而長焉遂至離其宗族絕其配偶絕其後裔而後竊其神器而不畏方其遠之不自知其過與愚而以為勢所不堪則怨尤不如初嗟為薄倖嘗不遂意欲為少恩其始觖望而已積而久焉遂至黨其大臣聚其奸民連其敵國而後賊其君上而不疑且也女子見女子則思如小人見小人則思爭仇讐日尋其報復雖欲備近而不能一女子貴則女子之族俱貴一小人用則小人之類俱用黨援盤結于朝廷雖欲驟遠而不可稍近之即有自矜之色稍遠之即有飲恨之端毒深矣可奈何方其近即有為難遠之勢及其遠又為復近之謀術窮矣可奈

（旁批：情事如覩）（旁批：更妙）（旁批：令人不寒而慄）（旁批：竊其柢據窟穴）

何將立法以禁之婦人無臨朝之而情溺不能不用其言也宦官無干政而志皆不能不聽其謀也可奈何將任賢以防之冢宰制宮中而牀第之間不能徧制僕御正士而洒掃之臣豈能盡選也可奈何夫君人者端其本而已清心寡欲遠邪之道也知人窮理致治之機也開誠布公服物之方也齋莊儼恪臨下之儀也當如是何往不勝何人不服肘腋之間何畏奸人窺伺哉

層層綜論抱盡力寫出唯朱之

全章陶菴補註意精警

熟識古今事勢、窮盡女子小人情狀、警切處直令毛髮竦豎、陶菴先生而後、僅見此文、

陳介眉先生

指事造懷、胸有全史、淺學者不能道隻字、

唯女子與小人　一節　李大蘇

唯女子與小人　一節　李大蘓

養有獨見其難者當思御臣妾以道矣夫女子小人之難養以近與遠者皆之屬也觀於不孫與怨之由可不思所以養之道哉嘗讀書至冏命而知古者侍御僕從皆得厠於繩愆糾謬之列蓋不以人微爲可忽也自贄御目爲賤品而出入起居人主既獨操其幾而亦不能盡屏其類於是以宮禁之嚴而恩威有窮於莫可施者矣則養之道不可不講也乃世之論者曰公孤宏化經邦六卿分職率屬聖天子早朝晏罷惟是接賢士大夫之時多而親宦官宮妾之日少彼女子與小人者亦惟備使令供洒掃耳此即姑爲寬

假祇子之以不甚愛惜之恩設或稍有蘖芽亦何難加以不可追救之罪夫何慮哉嗟乎豈知天下之難養者即此女子與小人乎蓋其居處日益密則其伺察日益工而深宮之喜怒愛憎皆其揆閱抵隙之媒其名位不甚尊則其廉恥亦非所恤而國家之爵賞刑威反難饜其怙寵貪榮之意故猶是養也怨焉而不孫矣果能以恩誼之明肅相見於宮庭何至囂陵之不靖乃無何而一嚬笑之或遺假遂有陰竊其威福以去者其不孫也是近之者教之也又怨焉而怨矣果能以宮寢之休嘉相孚於近習何至觖望之潛生乃無何而嘆寵愛之不終遂有私抱其憤懣之以逞者其怨之也

包羅史籍

害字雕出

是遠之者啓之也夫天下之養女子小人者未有欲其不孫與怨者也即女子小人而爲人所養亦未敢遽出於不孫與怨者也惟

是大經濟補出聖人

近之遠之則必至此是以聖人知其難也女正位乎內男正位乎

言外語意

外內治理外治脩情欲之感無介於容儀宴私之意不形於動靜莊以涖之而未嘗近之也慈以畜之而未嘗遠之也蓋不必憂其

女子小人不能無也此義圓到

不孫與怨而預爲之謀早有以化乎女子小人而各收其用究何慮其難養哉不然者近之不可遠之不可卒使變生婦寺毒流朝野始憬然悟曰惟女子與小人爲難養也豈有及與

古氣欝盤言有本末乃於高邑西安後拔戟自成一隊

唯天下至聖　卩

陳師栻

中庸推言至聖之德惟其無不足而已、夫臨天下者視乎德、由聰明
睿知、以現其容執敬別、而一足無不足矣、斯為天下至聖歟、今夫天
地之大、于其德之無不給而已、而總天首出者、獨總于天下之全
數、而居之深深、而不息造化以之成能宰、而不勞聖人以之藏用也、
彼夫天生人、而有其德之獨備者、則謂之聖焉、天生聖、而有其性之
最備者、日謂之至聖焉、聖而曰至、固天下所莫能加、而亦萬物所不
能外也、以言其聰無不聞也、以言其明無不見也、聲入心通、而物來
坐照、不聞不覩之中、所以為廣運之神乎、以言其睿無不達也、以言

其照無不知也。通乎無迹而悟乎無方。何思何慮之天。所以為範圍之矣。至於是臨天下。然後知帝王之有其而天縱之聖之不可學而至也。乃見其容而見其寬裕也。溫柔也。納之者廣。天下皆得游其中。入之者漸大。天下皆得循其節。需之者不激不亢。天下皆飲其順而飲其和。其斷乃怙冒無疆者與。由是現其執而見其發強也。剛毅也。動而莫禦。萬物無所變其機。壯以常伸。萬物無所閡其氣。有之者不撓不屈。萬物無所用其力而角其材。其斷為徑行不息者與。右乃作天下之爾者。莫大于能敬。存堅則湛然齊一。惟其齊焉。凜然咸重。惟其莊焉。立于無倚。持于不偏。惟其中且正焉。謂非足于敬之道而能然哉。研天下之聲者，莫大于能別。至聖則燦然有章，惟其文焉，并然有條，惟有其理焉。錯綜不遺，精粗必辨，惟其察且察焉，謂足于別之適而能然哉。本之聰明睿知，以擅其靈，而先天之覺，非人力之所及；參極之仁義禮智，以涵其用，而成性之存，非後起之所能與。其諧一元之分布，門門五氣耶？其諸一源之流，而為百川耶？吾終無以測至聖之所至矣。

豈惟民哉麒麟

異不獨民可即物之異者而首徵焉蓋民見其異而物不見其異猶未足以例覌也無已試先徵之麒麟自東魯生聖人而麟書献瑞論者謂閭里之榮實邦國之光也蓋嘗生嶽降固於鍾靈徵品類之奇而負氣含生亦於毛蟲得瑞應之兆正不得以人與物異遂無容逆類而先及之也試徵有若之言而得所以異之說吾聞聖人之生麟遊于郊可知有道之世即物類亦献其光華是聖不自異而物先爲之表異物既爲之表異而民自不能不別其爲異聖其亦異于民也哉而吾謂豈惟民已哉民爲造物所降生而

不能得其生之厚遂不得不讓聖人以獨異然彼異之徒在民則所見猶屬未廣民爲洪鈞所賦畀而不能得其畀之純遂不敢躋於聖人以强同然使不同之竟在民則所聞猶覺有限今夫人者物之靈也人之中有聖凡則不惟民有獨異即物之中亦豈無獨異第物類之廣生囿衆言之而見其難罄而星祥之闢出可先舉之而兆其祥符吾聞毛蟲三百六十麟爲之長則可先即麒麟而擬之夫不踐生草不履生蟲此麟性之仁也而麟亦自順其性之常非欲與民相炫異而一以之爲擬誠見觸類而彌彰抑麟一角角端有肉此麟迹之奇也而麟亦自得其迹之殊非欲與民爲苟

同不害見微之知者要之物類不一舉一麟而凡與麟同者皆可依麟以觀則民之類亦不一舉一聖亦何不可作聖觀乎噫觀肖若之言可以知夫子之所以異也

何廷棟

豈惟民哉

心之所思者不在民，即言之所發者亦不惟民。夫有若豈為民而言之哉，而且言之曰豈惟民，其言自有在也。故孟子亦即述其言。且天地之大德曰生，則是資生資始以充塞乎天地間者，厥惟民也。即其資始者而思及易知，即其資生者思及簡能，則又見天地間之可大可久者亦不關乎民也。然則民亦何足引為發論之端哉，而有若則且引為發論之端也。其意若曰：甚矣哉，我乎若傺懷我痌瘝之思，蓋有不在於民也。孰使我懷萬端以寫心民乎，非民乎？孰使我思百代以神馳民乎，非民乎？如以其民，則所謂秉知覺之機警，而其乎

未到孔子

理路真注

拈民字以作字養局

知覺之全者實惟民如以其民也則所謂負遊動之機而得乎運動

之巧者實惟民既惟民將見一極既判兩儀既奠止此億兆民相與

暨東西而訖南北而他無有也而豈其然既惟民將見教盤既澗請

僞既滋止此含生庶民相與綿往古而適來今而他無有也而豈其

然今試思公姓公族者民也而揚風以稱義者胡為必有所托而興

乎則是有族姓者豈惟民今試思僭括能據者民也而作序以歌謳

者胡為又有所擬而象乎則是能諧諧者豈惟民今試思僞竊為莠

者民也而思撫伐者聞誰為之使其不獨不禁之取乎則廷鄉而觀

焉觸我心懷者又豈惟民今試思來享來王者民也而慕重譯者聞

誰爲之微其所會可歸之祥乎則是俯而察焉動我論議者又豈惟民試即闡而明之試即遠而想之謂僅斯民同一方以類聚謂僅斯民同一物以群分固也而豈惟民哉將類之中實有出而拔之者夫固不性民而惟我孔子一人

有情芍藥含春淚無力薔薇臥晚枝

悠久無疆　　楊瓚

不息於一心者、即不息於天地者也、盖天地無疆、至誠以悠久協之亦適得其不息而已矣、今夫誠也者、不息之謂也、誠之至者當其斂之在一心、而其理已足千古矣、理既不息、則其凝之爲體而終始乎天下之物者、亦不息、吾即至誠之配天地者、而更思其所以成物、不能有成而無毀、而成之者則不毀、欣然各含其生者、久而漸敝、而光大之至治彌新、即成物之人亦有毀、而所以成物者則不毀、塊然聚以爲質者、久將不留、而敷布之精神常在、無他、物成於悠久者也、悠非一日之功、而久亦非易盡之道、如曰於何

（透上一層）（首二字頓住力據上游）

而起於何而止則是功化之及猶有域之可限焉限於域者盡其域而止矣如曰其量十世其量百世則是經綸之布猶有涯之可尋焉涯可尋者際其涯而返矣今夫天吾不知其涯也往古如是今日如是欲求天之止境不得也今夫地吾不知其域也一世如斯千百世仍如斯欲求地之絕界不得也盖天地之無疆則然惟

先坐文全理仍折入總

至誠者本其不息之理而存之爲久而發之爲悠自夫井田設而

久四字中乃種斷續合繇之妙二比還他實

際

萬世之天下共服先疇食舊德矣苟一日不得至誠之養而天下之物將盡夫天下之物無盡時也而至誠之常覆常載者即在日用飲食之內自夫學校興而萬世之天下且彌爾性偏爾德矣苟一

日無至誠之教而天下之物必蒙夫天下之物不終蒙也而至誠之博厚高明者即常在彝教倫紀之間蓋天不變配天者亦不變子孫之天下祖宗得而治之非其立體者遠與瞻倬回於雲漢以爲天道之常昭如是而不知壽考作人之精神永昭垂於千古地不變配地者亦不變今日之天下堯舜得而理之非其立體者貞與望清寧於水土以爲地道之永固如是而不知平成奠定之明德自鞏固於萬年是亦一無疆而已（老輩更不須補齡配字）蓋舒徐之化衍之爲永賴之猷有以合上下而同流惟其貞一之德積之爲純粹之精有以徹終始而無間至誠亦適知其不息而已矣

題如堅城文以揮灑出之而精理自足法力愈遒於此事信開
山聖手

師文王

申思師聖之人若未可淺為測焉夫文固可師也然師之者亦鮮矣果能師焉不誠有足想乎且自古有可師之德特患無能師之人蓋彼欲發憤為雄宜深求其遵循之功而或者視之為迂夫以為迂是薄古人也則正可設一能師者以徐觀之固知其未必迂矣今誠恥之非師文王不可已愧舉國之聽命而欲師文以自奮然得毋發于一念之浮慕而志趣不堅乎則其視文之美意亦幾以陳迹等矣羞一身之為後而欲師文以自強然得毋出于一時之憤激而轉念或移乎則其觀文之善行亦幾以虛言終矣若是則文王固可師也其

行窓

如不能師何哉如有人焉慨然有高世主之志曰文王之德千古為昭布在方策者不班班可考乎吾奈何棄之也由是而亦步亦趨斷以陰行至善者為準是使上下數百年之間昔亦一文王今亦一文王也而此時之拭目以觀者有不歡欣鼓舞咸羨其所師之無遺歟毅然適出尋常之表曰文王之德百世莫加垂諸史傳者不赫赫如昨乎吾奈何置之也由是而是遵是行必以丕冒西土者為歸是使上下數百年之際昔之文王倡于先今之文王踵于後也而一時之翹首以望者有不皆嗟嘆息咸幸其所師之無缺歟當其未師之時猶慮疑信相參或不能變前此之規模也而慈周以誠心為體驗皇之

皇焉師之不暇蓋不欲使徽柔懿恭得專美于前則以視夫典型不

率者相去奚啻什栢迨夫將師之際猶慮王伯雜用揔莫能煥一國

之精神也而今固以寔意為推行兢兢焉師之惟謹若惟恐大惠鮮

懷保著難已休于後則以視夫舊章不由者當必盡拜下風何也大

國小國皆可為政於天下則亦何憚而不師文王

第三十八冊　卷一一五

師冕見及階　節

聖人之詔師也師亦甚樂有此見已夫冕瞽者也由階而席而坐予為一一告之藉非夫子不幾負師冕之見也哉且聖人者時人之耳目古今之通論也而獨于有瞽之來其論益詳即偶然音接聞未嘗不以己之明濟人之昏蓋不啻三致意焉如予於師冕是已夫冕樂師也樂師必專于樂而一遇聖人克比於禮矣抑冕瞽者也瞽者皆盲于目而得交聖人不盲於心矣予何知之于冕之見而知之是日也群賢畢至少長咸聚賓西階而主東階諸弟子掃室布席敘賓坐也時有將命者前致辭曰樂師願見夫子整衣

冠迎之冕雖瞽矛而因以見特聞於是入門而左階將及矣階豈
待告哉第他人于階不必告而冕之于階不得不告也子曰階也
而冕曰唯唯歷階而盡席將及矣席豈待告哉第冕之意中知有
席冕之目中不知有席也子曰席也而冕曰唯唯當其時先冕而
見者實繁有徒矣冕未至衆賓尚坐及至階衆皆避席矣有識之者
曰是樂工中所謂師冕者也衆人莫不加敬其亦各夫子少必作
趨必貌之意也歟未幾而皆坐矣子僅與冕論聲音而不與冕詳
姓氏乎告之曰某在斯某在斯而冕亦曰唯唯獨是吾夫子大道
在躬請見不止一冕而階而席而坐子未嘗一一告之也乃在他

人則跡之在冕獨覩之非無故矣設天子正樂念切時或就見于冕而階而席而坐冕何嘗一一告之乎乃冕之於子或畧而子之於冕偏詳焉豈徒然哉要之有道以處此矣故曰聖人時人之耳目也

先輩謂此等題必須若退之畫記愈瑣細愈見風動之致若此處立論凌駕于張夫子後來閻蒼俱可廢矣且裁成輔相通變罷使俱非此題正解

書院超等一名 鄭

殺雞 其

小鮮是烹田家之味也夫雞常物也夫人以是為殺為己乎抑為子路乎昔春秋有夫子勿用之潛龍也夫不為龍之見而為龍之潛則雖天有宰割天下之志亦鬱而無所展也不意萍踪邂逅忽以殺雞聞者乃在丈人之止宿子路日則已暮矣子路之爰止未知誰屋無異瞻烏途則已窮矣子路之托跡乃在田間有如屈蠖而丈人且進而殺雞者何哉詠于詩者有雞鳴女士借以為警也今者主賓相接奚為摩厲以須載于禮者有雞人朝廷命以為也今者草野為事豈必及鋒而試蓋市遠難求何如取之宮中故

朝棲于塒者夕登于咢一臠可嘗無容勞乎染指故既見其生者
又見其死彈鋏者歌無魚而丈人之殺鷄不為絲之釣而為刀之
游不腆者豈無所將批郤者無全牛而丈人之殺鷄不為善刀以
藏〻〻為越俎以治代庖者寧無所為其司則晨也乃以司晨者難
似其暮即一鷄可以悟化育之理而丈人弗計鷄可殺則殺之矣
其德則五也乃以吾德者莫全其命即一殺可以識生尅之宜而
夫人亦弗計鷄當殺則殺之矣烹羊炰羔田家可以自勞乃以鷄
為釜鬵之溉人擊其肥彼烹其鮮不知其何以果乃腹或諾或友
存丹寔足[illegible]乃以殺[illegible]百[illegible]則自止神則自行[illegible]不知其

可申此情益敬予以　金

題極俚俗文能出以雅妙　疊出英芽環生令人應接不暇

足見腹笥便便　原評

運用經籍而佐以雕琢之工自爾迷離滿目楚昌周禹龔先生

掇芳擷藻意勝非詞勝而絕無一筆侵下食之尤見文家宗匠

表伯黃爾友

卿禄四大夫

二名 朱一鼎

周制大国之卿禄取大夫而四之也夫卿之禄不同也獨大国之卿四於大夫焉其始君豈則從而豐与蓋周室之班禄於諸侯也惟大国实厚之則下之旦夕承弼者詎從其薄乎哉雖然卿一耳毋論大国也而班爵概從其同而卿正不一耳繫惟大国也而班禄独從其厚豈考之周官其当子男之君者也意者班禄亦準此乎然而偪乎上矣偪上者是之謂僭迺稽之近世有上大夫皆卿材者意者班禄亦比視乎然而偪乎下矣偪下者是之謂陵無以知大国之卿其禄之不異者君取十而卿取一其禄之獨異者大夫一而卿倍四也夫非有事食力者耶任大矣四於大夫差足以供之夫非倫官其寵者耶家大矣四於大夫差足以

給之其命於天王也單伯致其主而不名女叔貴其聘而書字玉灵亦慕重也

一、士於命官食采曾不聞以大国之命卿少有加於一百八十餘人之齊其聘於京師也管仲卒受下卿之礼韓宣僅從下士之稱撝抑以鳴謙也而至於司空授邑曾不聞以大国之卿佐稍有減於三千二百畝之中即曰治於高傒伯氏井心於三百靖辛鮑国晏子致邑有六十卿之禄至有奪大夫而予之者矣豈以為例予哉有加則賜也例不過四於大夫即曰與隸猷畝欒郤室盡於三卿別族分田趙宗反鳩於智氏卿之禄且有併卿列而有之者矣豈以為常乎哉兼併非古也常不過四於大夫如是而卿之禄定矣如是而大夫之禄亦從而定矣顧何以有三之二之異乎曰其非大国之卿也至於大夫豈容不一也

金聲玉音珪璋之光有節奏焉有法度焉

原評

卿祿四大夫　　卓天壽

汪宗師科進

卿祿四大夫

卓天壽

祿有厚于大國之卿者，若大夫則不敢望焉。夫卿與大夫爵不同，則其祿亦因以異，四于大夫，卿之祿固厚矣，雖大夫亦嘗爲薄哉。且自世卿執政，祿入私門，君子極今追昔，未嘗不嘆王制之無存也。抑考論時變，則貪肆之欲無窮；斯論古制，則下祿之繇有常數。蓋有以於卿而遠避焉者矣，而彼何昧昧焉而去之思耶。夫十卿祿，而大國之卿祿又可言矣。國家三百六十，而卿以率屬於爲之倡，凡我百度凡子，而卿訓其時皆司其成，豈非冢卿而已，而有長自卿而六六……不止有大夫而已，先於大夫，極前世皆例不備，以下家之原精，則是

紛紛等矣，昭之祿爲矣，隆富方殺之，究何奇何以君名原乎？原

傍哉，所可概其周撒隆東之鄉祿，再平原合玄珠履三千上相旋膺

樹手五百，非操節秀其，其能有是乎也，因已富騎以重矣，卒傳特隆

於大夫已非謝上乎，帖卷其文武兼康之四矣，臥可得其成烈以復

之鄉祿，再收儀六色禁容其，雖生守晉瑞稱係其，祭非後民以生者

消為之乎也，慕不寄其常制矣，寧特視大夫為將堂封鐘之，我思恍

其周君劍創之年矣，斯生也隆不發祀九古昔聖王，典其支蓋附典制，

上日其國，無全書，寧鮮遺冊，而以歪條誥高，蒐耕爲而託昭之祿，蓋

四于大夫焉，然則其大國之昭不敵十豐其，五大夫亦不厥于為也，

蓋卿與大夫祿不一，而國家之心一也。今夫常祿之班，所一非
異，思之訖及安於澹無勤劬，而祿云有德有爵與也哉。彼秦漢門閥貴德
令有以歸之說，晉伯屢舉家宰有禁錮之稱，豈以竟誘為謬精之未充
卿，以卿而視大夫，大夫隆矣，而非隆也；以大夫而視卿，卿殺矣，而非殺也。
蓋卿與大夫之祿數不同，而推惠于民之意宜不異也。矧蓋祿精之
人，又非若末俗之以安敵無權，施遂至摶鼻瑣瑣，比卿緩撤車
羸焉，待蜂火於千家，優勤於魁庭，相反而振寧，寧非以彰其驕于無
第也哉。因訖卿祿之四于大夫也，非有等也，亦有等也，而大夫之祿
又不足矣。

卿祿四大夫　卓天壽

一名 鄭僑

卿祿四大夫

君以下之祿皆準乎卿、故班大國之卿祿、倍厚焉、蓋大國之卿祿、為君以下之受祿者所準也、定其制曰四大夫、先王因統計國之受祿者而班之焉、且君以下之爵既不能無獨尊、則君以下之祿必不能無獨厚、夫厚者因薄者之所視以遞損者也、苟其爵雖處乎君之下而獨居於凡有爵者之上、而且居於同有是爵者之上、而其祿早從而薄焉、則其餘又將何以濟一人之患乎、此周先王當日所以既班大國之君祿、即班大國之卿祿、蓋大國之卿祿、為國之凡受祿者所準、且為國之下、而卿者之祿所準也、吾聞大國三卿皆命於天子、天子既隆其爵曰卿、既隆其爵曰大國之卿、假令徒受顯名而不受厚實、其祿與國之有爵

大氣

提挈

者等僅與諸國之有卿爵者等則將奚由以辨夫不為卿者且奚由以辨也九考卿者哉然則大國之卿祿度不甚厚不可也此而不厚非第曰吾以駁議幾橫不諳于理眷卿之廉也卿之祿既不甚厚則卿以下必剩趨於薄至不得比於田野之細民矣以禁其役年百姓與非第曰吾以報大國之卿之功也大國之卿祿業不甚厚則大國以下之卿祿必將見其愈寡初不甚遠於三事之大夫烏能劝其承銜乃辟與先王於是取而量度之而較也嘗聞其畧曰四大夫不敢薄也不嫌厚也雖大夫之采地相錯而既已為卿必予以三千二百畝之田而克給蓋如是而後可以為卿之祿也且必如是而後卿之祿可以為御也況其家之臣僕甚衆而共仰一卿必供以二百八十人之食而始充蓋如是而後可以為大國之卿祿也且必

如是而後大國之卿祿可以為的也。或於四大夫而見以為少，固不知先王取富之經，偏於四大夫而見以為多，并不講先王班祿之教矣。試觀大夫士之祿，非由卿而損焉者乎？所以不敢薄而不嫌厚者為此也。且夫國君之祿其十於卿也，同而十（更周匝）卿祿之多寡又不同，各自卿祿上推之，其數瞭然也。故大國之卿祿統計受祿者而班焉，不亦宜乎。

筆力瘦勁，如古藤縈繞於松柏間，槎枒鱗皺之態，隨意縱橫。原評

統本以節，勢三節以二三言不於他人照光，只圖一句清闡之氣，充足以運後力，並錄之。

貧而無諂　貧而樂

僅能守乎貧富者聖人先進以忘貧焉蓋無諂之僅可與（何）無驕之僅可也固有貧而樂者矣子能不爲之先進一解歟今夫人無特立之志未必不困於念之多所營而中於逆境者尤深彼處逆甘以媚人即處順尤易以凌人矣是以攷天懷於淡定端不獨袪其妄營而必先有以易之者使與境而相守則雖逆境之投早充然有以自足也聖門有子貢其後貨殖致富而其先則自窮約中來也夫貧而致富未忘其貧以較陋巷之回不改其樂者有間矣乃一日舉貧與富問殆欲於此驗得力乎然語貧但曰無諂豈不以境之拂逆尤足困人而此外必難以多求哉夫天下貧而諂者有矣自顧藜藿弗充則對富者而有羨容因之富者益得遂其驕矣人方乞憐相向則擁富者能無矜色此亦俗情之相激使然若是者無以處己而即無以處人何也蓋彼貧而諂者見人因不見己也則姑未暇律以安貧之學力而已之勢先處絀抑且喪己轉而病人也即使富者受彼之諂無驕志而人

之力恒得伸而有能貧而無諂者乎此固靜天下之爲貧者矣即何不可靜天下之爲富者以此言可信乎可也雖然無諂而貧之見存則見貧見富未能等貧乎富道中所歷止此哉夫子則早有以進之矣曰貧而無諂可也然但惜其處貧之止於是也獨不有貧而樂者乎境以遥觀而益著世固有當拂逆之來而不色悲者傷哉其爲境困易若嘯歌自適之爲得也故其身可貧其心必不可貧縱使富者矜其所有而對之早已愁然其自沮心以捐累而乃真世豈無遇艱難之況而或姑爲排遣者惜哉於情難久易若處一化齊之爲大也故我身雖處貧我心自能忘貧就令富者形其所無而我懷長此浩然其至足然則貧而樂者不已視無諂而更進乎舍是則無諂雖較難於無驕而其不能捐貧富之見則一也自予詒以未若子貢當曉然於向者之自謂已至終非其更至矣

貧而無諂富而無驕

賢者論貞遇之學而有思夫無諂與驕者焉夫貧而諂富而驕人情乎如其無之非所謂貞遇之學哉想其意曰賜蓋閱歷乎身世之交而竊歎俗情之不免也夫學問之事患其不有而世俗之情欲其盡無則試為懸擬其人而若遇諸心目焉嘗思之天下之不齊者境也有餘不足本造物盈虛之常理而又有數焉以主之於是乎或則為貧或則為富天下之至難忘者情也悲懽欣戚本人生自具之靈明而又有遇焉以迫之於是乎貧者多諂富者多驕今試有人於此未嘗不貧也而有與於人之貧也凡人之身必備

物以為餐貧則不能無求於人而遂下其氣而遂卑其詞若有無可奈何之勢焉茲則將有所求也而獨能忍之縱飢寒切膚亦時為仰屋之嘆而諂則否矣又試有人於此未嘗不富也而有與乎人之富也凡人處世多因財以自雄富則不能無施於人而因有德色而因有倨容若有忽不自持之勢焉茲則雖有所施也而獨能淡之縱氣體默移亦時露安舒之象而驕則否矣貧者亦自見貧有富者之相形而愈見其貧貧者本易見諂有富而驕者之相逼而愈不得不諂若人則曰吾將以氣節勵天下而宜甘心為富者後也而無諂之志益堅富者

自為富有貧者之相形而遂自

喜其富富者非必欲驕有貧而諂者之相習而乃日益其驕者人
則曰吾將以若處深藏而宜甘心為貧者市也而無驕之守彌
固宜非人之難得而可貴者哉夫子以為何如

不用貧富話頭題意層已寫足理真法密初學當奉為萬金良
藥

貧而無諂富　二句　史流芳

不因境而移者，其人似不易得也。夫貧而諂，富而驕，境移之矣。兩者俱無，君子以爲加人一等焉。且自境遇不齊，而人心不古，說者歸咎於遇，以爲榮辱之于人甚矣哉。夫習俗移人，或者不免，謂爲遇之咎，信乎其爲遇之咎矣。然苐反求諸己，守之則得，不守則失，入乎其中而誠有以自持，斯亦不可一世矣。今夫循是人也，無端而有貧，無端而又有富，此二者絕無用力之處。何也？貧自貧耳，非有人使之貧；富自富耳，非有人使之富。亦若天焉主持于其中也。此二者誠有難知之故。何也？貧不終貧，有時貧也而倏歸于富；富不終富，有時富也而漸至于貧。亦若天焉變化于其際也。雖然，順逆之遇亦極難耳。當其衿與貧遇蓋嘗卓然自立久之而心滋感矣又久之而稍自貶抑曰吾將有所求也夫求之心切則求之術必工雖不欲自托于諂而天下羣焉目之以為諂當其初與富值亦嘗平心自處久之而竊自得矣又久之而形其有餘曰吾誠有足恃矣夫既有自恃之心則必有凌人之氣雖不欲自托于驕而天下羣然目之以為驕吾推其心得毋謂諂焉而人愈憐驕焉而人益重乎夫諂為人所憐驕為人所重可言也諂而不為人所憐驕而不為人所重尚可言乎且諂未必不與驕相值也無故而自招侮可不耻乎然諂者亦未取驕者而深計之矣夫驕則必吝一無所得而失其為我何為也耶抑驕亦未必不與諂相值也無故而使人畏能自解乎然驕者亦未取諂者而預籌

之矣夫諂則必求厭其所欲而難乎其幾何爲也即乃有人焉溪見乎此而發然曰貧則貧耳諂不忍爲也富則富耳驕不敢爲也無之則竟無之由是而與富者處挺挺然耳即有從而責之者曰貧賤者今亦驕人乎所不辭也由是而與貧者處抑抑然耳即有從而詰之者曰富貴者獨不驕人乎其安之也吾意其人不多得矣天下之大其有加于其上者乎抑無加于其上者乎此賜所不敢知也

上乙

貧而無諂富而無驕

汪　滏

有不爲境所累者，貧者深有意乎其人焉。夫貧而易諂，富而易驕，此其情也。故子貢深有意乎無諂無驕者也。若曰：人之所處，固不可以無守也。因境而失其守者，必其先未嘗有守也。故能用力於自守，則雖其所遭之殊致，而固已無所處而不當焉。今夫造物者之不平也，同是人而若獨有迴之者矣（盡寫貧富），因是人而若獨有秘之者矣。境遇至[illegible]，大約不外此二者而已。于是處境者之多端也。天迥我（盡寫驕諂）不[illegible]我安滿[illegible]迥矣。天私我而我安滿不[illegible]矣。人情雖窮亦大約不外[illegible]者已。故不幸而值夫貧乏者，因嗟[illegible]獨奇而遷至于[illegible]

成科小題文選

必以居其儉乎卒而值夫富富者曰嗟乎吾獨奈何不用吾驕乎不驕而何樂有此富乎彼夫者與貧者未有互相諂也必向富者而諂之情亦知富者之纖嗇甚于貧者也而猶以諂焉者徒設

妙悉人情

其驕以去乎有人焉不為貧所溺也而能自守其貧吾身可固也志必不可奪乎居不無撫心浩嘆而至與人世相接則無論趑趄囁嚅者有所不必也然稍稍形其沮喪之態而亦無之矣於富者與富者未有互相驕也必向貧者而驕之情亦知貧者之失志無奈吾富何之而遂欲以驕焉者并致其論以來乎有人焉不為富所累之而能自守其富吾身雖適之吾情豈可以紓降兮沉已極自食辛苦

與人世相接則無論傲慢恣肆者有詖以小也則利々所在得意之
客而忘無之矣且人之能諂者亦能驕善驕者亦善諂故以諂者處
富之必驕之者處貧之必諂是貧富無往非沉溺之境也人之無諂
者或亦可以富無驕者應可免於貧故當貧之時而懲於驕者得自
信其善處富及富之時而觀于諂者又自慊其善處貧是驕諂無一
有發微之萌之夫子以爲可也
驕諂互發妙在人情不似時下空腔子設從子貢先念處發論想
亦後愈精愈灵

席也皆坐

詔師以席可同人並坐矣夫設席而詔欲冕所坐也然坐者不獨冕聖人寧默然對客坐乎且吾夫子席不正不坐則客至請入爲席而坐坐不中礼況客而育于視寧忍去踖席具於羣賢列坐之堂耶是可觀師冕之反席當是時冕猶未即席或有先冕而坐於席者客至起皆出席不安於坐顧冕未之知也而夫子曰席也蓋自是冕將即席矣見夫子亦必蹙而正席也冕亦知蹙撫席而辭也冕且請徹重席也夫子且回聲乃踐席將坐而夫子揖客之因冕起於席者皆坐而即席矣然則席之南鄉北鄉冕知其坐以西方爲上席之東鄉西鄉冕知其坐以南方爲上或有獨坐者冕知長者異席也其有侍坐者冕知坐無餘席也而坐席之人咸見冕之容無怍也亦無擠也足無躐也就席知摳衣趨隅也並坐知不横肱也是由吾夫子詔之曰席也故能坐無失礼如是也嗟乎一席之内冕育於目不育於心何羣侍聖人之側同坐之際子動以天非動以人固已補造物之窮則夫子又豈默然對客坐竟坐無一語耶

工細飛動似退之畫記

盧中行 漳浦

浸潤之譖 一段

難察者而能察明不外是矣夫譖愬非難察也而浸潤與膚受則難察
矣能不以爲明乎外是乎若曰吾甚怪夫士之旨於爲明者何象也中無
執察之實妄謂明膚之過人而晉接之間有巧以投嘗者遂不覺其中之
深而任之遠吾正不知其所謂明者安在也子向明亦知所非之謂明乎不
先窮乎杳渺之爲明也即尋常至論間而甫冥見辯恒是昏人之知慮不
先測乎高懷之爲明也即爭辯在目前而內操外探無能奪我之聽明
習交人之不能分其好惡也于是乎有譖假使迫而非之直而斥之則聽
者未及其任之遂深而世外至以聚而易入素以緩而能通不爲驟而爲

漸則益潰而是世潰矣吾友人之不肯安于曲直也于是乎有慰假使掾
而授焉從容而述焉則聽者亦以難以立辯而世亦辯皆迫切以動聽情若
悵怛而地憐不以緩而以急則見慰而識若可慰矣是則寫排斥于漸
讓之餘一若需泥之由淺而入深誰其能辯及此乎是則次是非於之頃
之際一若剝林之以辯而以膚誰能究其寔乎乃有人焉翩縛之來
早知計為之大而播揚之八又知計謀之甚良彼即滔滔而不已哉歷
歷而如見矣痛悼之情早知巧偽以行詐衷鳴之狀亦知激烈以藏
奸彼雖昧皇而躡至哉且談定而加詳矣非條而入之而已不可入也
非迅以乘之而已不可乘也剛柔異用而卒莫逃其肝膽之鑒哉蔣

容光必照焉

照無遺，知其明為有本矣。夫容光其微者也，其惟其微也，而皆必照焉，非有本而能若是乎。昔東魯有聖人，其盛德光輝天下莫不被。炳照而依末光焉，雖然，聖道之大也，足以丕冒乎萬彙，然而不探本原之所在，徒見旁燭于無疆而不知下逮以積厚備徵者安在，其與日月爭光哉。嘗即觀水者以觀日月之明焉，明不於其散而觀於其聚。散者之明，皆會於聚；聚者之明，〻亦此而門在彼矣。明又不於合而觀於其分。分合者之月，皆給於合者之明，〻不足而照固不及矣。豈不觀容光之照乎，其盛也，陽精而照于晝也，流素魄而照于

夜也日月各自為以則亦各自為照然而被于四表徧照恒不及覺
也指一處而睇視焉乃猶覺光彩之射人其於積氣盈而常擅其照
也會朔虛而僥得其照也日月相代為明亦相代而照然而格于
上下共照猶未及知也從一域而寓目焉乃域知照臨之有赫是惟
無間隙則已苟容間隙之光即有間隙之照須精力者而何有于一
隙之弗來是惟無罅漏則已苟容罅漏之光即有罅漏之照具完體者
而何有于滲漏之光有弗來者必有欲其光之處而卻其光者之
已為光所來也何弗入者必有蔽其光之域而蔽其光者之皆為光
所入也而知兩曜經天而爝火自不能以爭明抱其光不過餘明之

照四壁其為照也幾豈若於光煥發出東方而窮昧谷幽隱畢達者哉可見升恒萬古而薄蝕終不損其明遮其光使斂執管而窺天其為照也有限豈知焜耀無窮觀萬物而照雲漢邈邇悉徹者哉人被日月之照始仰日月之光此沿照而溯其光者也人窺日月之光始覺日月之明因其明而著為光又可知者也是故天無私覆也地無私載也日月亦無私照也照無所私是其明之大也然而霜有遺隕也露有遺墜也日月則無遺照也照無或遺是其明之本也夫非獨日月之明有本也蓋聖道之大亦有之矣

既而曰鄙　已矣

庚辰會試　王文治

隱士不忘其本衷、而復識聖人以不能已焉、蓋莫己知而即已、荷蕢之本衷也、觀其言於既者、殆適自形其硜硜也哉、今夫聖人之視斯世。實有萬不容已之懷。故一往而深。祇此初念之肫誠並無轉。念。之。淡漠。若乃抗焉長往自詡潔清。雖其興感有由。一若惓惓不能自已。而旋即以不忘故轍者。自發其孤高矯激之詞。竟使大聖人濟世之深衷。有不能逃其訾議者。荷蕢以有心歎夫子也、山林泉石之遐心。感金玉之音而頓化。物與民胞之隱願。觸纏綿之韻以俱生。意。者。沉。淪。日。久。此。殆。其。將。轉。者。機。乎。吾黨從旁窺之茀

文氣疎達

見鄰躅門墻。流連不去。既而聆之。且有後言也。曰有是夫若人之不可以已也如是夫。歷聘幾遍寰區。誰發賢王之夢。而猶以忍而不舍者傳遺響於風塵。三至徒勤跋涉。不聞車乘之招。而猶以濡而不斷者寄幽思於空谷。鄙哉硜硜乎。何其狃於近而初無卓識也。何其滯於物而莫能推移也。且若人獨不知世之莫己知耶。事權相屬之會。我亦知聖賢之擔荷有所難辭。然究其所以不辭者感於知則其心自應切也。古今來不世之殊勳。莫不以君臣相際之和衷聚而成。夫嘉會否則求之甚殷。需之非急。將無端之依戀幾疑其不近於人情。屯亨相倚之機。我每薄豪傑之功名。多由遷就然原其不能不就者徇於知則其故尚可解也古今來偶成之事業亦必以上下相通之志氣迫而發其精誠否則我方諄然人乃漠然無謂之栖遑亦未免不嫺於時務且夫知與不知世所以為之兆也而已與不已所以獨其幾也從來出處之際多一委蛇即留吾心以凝滯之處硜硜者獨不思維石之介乎跡其欲往仍迴洑不欲徐覩夫後效揶知世之待我以落寞者方轇轕未至之始而其勢已成雖遲疑曷有濟也當前之榮寵尚不易我初心未至之遺逢豈復羈吾遠志臆烏靡定之日正不當失此先幾耳從來獨往之懷多一反顧轉留吾心以隱憾之端硜硜者猶奠夫匪

石之轉乎使其否極而泰或可以徐俟其推遷烏知世之厄我以進退者即入山既深之餘而其勢未已雖觀望亦何為哉呼號而莫應我無如世何高蹈而不返世亦無如我何滔滔日下之時正不可少此斷制耳荷蕢之言如此彼自以為介性所至卓絕等倫矣然聖人之有心斯世豈區區較量於知與不知而已之雖恐不速哉其感於始而莫能感於既也亦適自成其為鄙自成其為硜硜而已

解極

散行作收使文氣舒長會意中

時有之但不可作繫語令人生厭耳

才氣大學力到細心密理俱優水到渠成時文中臻此境界者不數數覯也

○既稟稱事

唐順之

食之而必以其功、此王政之見於待工者也、甚矣君子不食志而食功也、不如是何以寓旌别之意哉、且國有六職、百工居一焉、百工身後于官、不得自食其力、而所賴以養之者君也、祿以代耕、固報工之常典矣、然均之爲工也、而勤惰異焉、均之爲既稟也、而豐儉殊焉、苟食浮于人、則儌倖之患生、而惰者何所勉、苟人浮于食、則觖望之患生、而能者何所勸、是故日省之餘、則一日之勤惰見矣、從而上下其食焉、類族辨物、勤者不嫌於豐、而惰者不嫌於于儉也、月試之下、則一月之勤惰見矣、從而次第其食焉、比物醜類豐者不以爲恩。而儉者不以爲怨也。以功而易食者。各安其分。初不容以妄求。雖曰誅賞未行。而賢否自別也。以食之報功者。各隨其才。初不容以濫予。雖曰黜陟未舉。而優劣自分矣。夫食以養之則人知工之有利。而食以事稱。則人知工之勤者之尤有利也。知工之有利。故人樂於工。知勤之尤有利。故工樂於勤。來百工之道。端不外此矣。

勤惰豐儉四字是一篇眼目通篇將此四字運用而反正相生淺深遞下次第位置不爽絲毫至末拟到一勤字全是古文法脉作小題者宜三復也　戴問得

足以相準凡上而家宰司空下而刮摩摶埴之徒皆能制財而用之使夫陰陽物力之止有此數者一陶鑄于心思手足之靈而倍開其美利是故財一而用百而准者之少終不能竭制者之多焉夫惟耒之者之大鼓其心力于無窮也而財用之于人既見益而自不見損且今自官府以及閭閻各有待用之事即皆為費財之事而恃此百工之事之數足以相償凡大而琮璧鼓鍾小而甗斝鬲庾之屬並可資用而財之使夫時地生材之不相假易者一乘除于有無緩急之變而互發其光華是故用一而財百而此之所耗已巧還于彼之所資焉夫惟耒之者之

用能生財

遞運其精神于不乏也而財用之在事即其縮而常寓其贏是以王者之治天下國家也不以大而荒細不以本而輕末當是之時天子達極于中親賢夾輔于左盛德大業已足以釀五行二氣之和而又隨其施生方以經綸而戚理此所以被潤澤而大豐美而也其君子晝考而夜庀其小人明動而晦休賦事獻功已足以開六府八政之治而又操其源流之故以通變而宜民此所以禮樂興于上而風俗厚于下也君人者而有意財用之足也尚亦念茲百工哉

光焰萬丈不讓李杜文章自是從經術中出

○蚤起

起特以蚤其志將有所向焉夫起亦有未必蚤也而齊婦欲瞯其夫
安得不如是乎且夫人有關心之事往往夕惕不寧而宵衣問旦者
誠以男子于外固當有恐悅之懷乃閨閣之中亦有不安枕簟者非
無因而然也如齊婦將瞯其夫則何如想其告妻之夕輾轉不寐曰
夜如何其蓋無事之時心靡與所猶嫌其有事之時情有所迫每
恨其長人情也於是幾為待之至于待之無可待幾為寬之至于寬
之無可寬乃皤然以起焉開戶視之銀河皎皎側耳聽之雞鳴嘐嘐
是其為時依然蚤矣獨是斯時也豈學者或以持籌而難安于衾席

通顯者或以待漏而弗戀其床第齊人非身富貴也爲齊人婦又巾幗流也而蚤起胡爲也哉夫高枕而臥誰不欲安而齊婦不安與子同夢孰不爲樂而齊婦不樂設良人一覺之細君以吾爲富貴之佳賓喜而不寐與不然何其不悍煩乎妾氏醒意主婦以吾爲中饋不請自任其事與不然何其太多心乎彼齊之先有致儆于蟲飛薨薨者矣毋亦有慕賢妃之風故爲是蚤起乎而齊婦非是抑周之先有脫簪以致諫者矣毋亦欲效賢后之爲故爲是蚤起乎而齊婦又非是其起也志有所在其蚤也心有所繫于是良人前桀者後妻方倚門而望已杳不知其所之